# 국어순화정책

**9**

사단법인 **국어순화추진회** 세종학연구원

## 「국어순화정책」 제9호를 내면서

올해는 훈민정음 반포 576돌의 해로서 우리 국어순화추진회 창립 54돌이 된 해이며, 우리 회가 외솔상을 받은 지 1년이 되는 해이기도 하다.

국어순화추진회의 전신인 한글전용국민실천회는 1968년 12월 21일 경기여자중고등학교(당시 광화문 소재) 강당에서 한글학회(이사장 최 현배), 세종대왕기념사업회(회장 최 현배), 민족문화협회(회장 이 은상), 민족문화추진회(회장 박 종화), 한글전용추진회(회장 주 요한), 배달문화연구원(대표 안 호상), 삼일회(대표 이 인), 한국자유교양추진회(회장 김 윤경) 등 26개 문화단체 대표와, 학계, 교육계, 문화계 등의 인사들이 발기 창립하였다. 이로서 국어순화, 한글전용 및 국어정책의 범국민운동을 할 문화단체연합회가 정식으로 발족되었다.

한글전용국민실천회는 창립 직후 행정부, 입법부, 사법부, 여야 정당 등에 한글전용 및 바르고 깨끗한 대중말(표준말) 사용 등에 대한 건의와 자문을 하고, 관공서와 각 기관(단체)에서 국어순화에 대한 무료 강습을 하며, 개인에게는 이름이나 문패를 순우리말(토박이말)로 지어 주고 달아 주기 등의 사업도 하였다. 그리고 한글날이 되어 오면 서울 각 일간 신문사를 직접 방문 한글날 하루만이라도 한글전용 신문을 발행해 줄 것을 부탁한 바 큰 성과를 거두었다.

특히 한글전용국민실천회(회장 마지막 전 택부)가 1976년 9월 9일, 지금의 국어순화추진회(회장 제1대 주 요한, 제2대 주 영하)로 개편되면서부터는 본회 헌장 제3조의 목적 사업을 달성하기 위하여 온 국민이 국어를 순화하게 함으로써 말글 생활의 민주화와 배달 겨레 문화의 향상을 위해 추진시켰다. 국어순화를 위한 월례 조찬회(세종호텔에서 오전 7시 개최)와 학술대회, 국어 운동 단체 대표자 연수회(경기도 여주에서) 개최 등의 사업을 하고, 국어순화에 관한 연구학술서 「국어순화의 길」(1978), 「나라글 사랑과 이해」(1985), 「우리말 순화의 어제와 오늘」(1989) 등을 발행 보급함으로써 국민들의 언어문자 생활에 도움이 되었다고 생각한다.

그런데, 21세기 과학문화시대, 문턱 없는 국제화 세계화 시대 최첨단 정보와 사회에 접어들면서, 우리의 자랑인 훌륭한 고유문자 훈민정음(한글)이 더 빛나고 있지만 우리 사회에서 우리말과 글이 처한 현실을 볼 때 마음 놓을 만큼 그리 좋기만 한 것은 아니다. 아직도 역사 발전의 생각이 부족하여 일본 한자 말과 글을 좋아하는 일부 지식인들의 한자말의 조어 및 사용 운동, 그리고 외래 문화 도입에 따른 외래말, 외국말의 남용, 비어와 속어로 인한 오염, 통신 언어의 무분별한 사용으로 인한 깨끗한 말과 맞춤법 파괴 형상 등을 생각할 때, 국어순화운동을 재검토 체계 있게 추진하지 않으면 안 되게 되었다.

그러므로, 우리 국어순화추진회는 지난 2013년의 해를 맞이하여(필자가 제3대 회장이 된 후) 그 동안의 사업을 검토하고, 앞으로 국어순화에 대한 연구를 차근하게 하여 학술연구지 「국어순화정책」을 발간하기로 하였다. 그리고 그 동안 순화 대상 용어를 정부와 본회·한글학회 등 각 기관 및 개인이 순화한 순화 용어를 수집, 이를 재검토 정리한 「순화어」 등을 한데 묶되, 이를 「국어순화정책」 본문 뒤에 붙이기로 하고, 본 연구 학술지 제1호에서 제8호(2021년)까지 발행하였다. 특히 이번 발행 제9호의 외래어 순화어는, 생활 순화어, 전산어 순화어로 나누어 붙이었다.

우리는 우리 회가 창간하여 제8호까지 발행한 「국어순화정책」의 책이 국민 각자로 하여금 깨끗하고 바른 언어 생활, 즉 품격 있는 언어 문자 생활과 한글 문화 발전에 많은 도움이 되었다고 생각한다.

마지막으로 우리 회가 이번 학술지 「국어순화정책」 제9호를 발간함에 있어, 논문을 보내주신 성 낙수(「최근 유행어의 분류·분석적 고찰」), 이 건범·김 명진(「정부 보도자료의 로마자 사용 실태와 우리말 약칭 사용 제안」)

등 세 분의 학자(교수), 그리고 참고글로 「한결 김윤경 선생의 생애」(세종대왕기념사업회 명예회장 : 필자 박종국의 글)[1]를 실어 국어순화운동을 하는 분들에게 용기를 주고 한결 선생의 국어순화운동 정신을 생각해 보기로 하였다. 그리고 또, 우리 회가 지난 해(2021년 10월 19일) 수상한 제43회 외솔상 실천부문에 대한 수상소감 글과 그동안 국어순화추진회가 걸어온 연혁을 기록으로 남기기 위해 간략히 붙여 놓았다.

우리 회가 금년과 같이 뜻깊은 해에 「국어순화정책 9」호를 발간함에 있어 앞에서 말씀드린 세 분의 학자님과 학술 논문집 발간을 위해 후원해 주신 재단법인 한글재단 이 태형 이사장님을 비롯한 임원님과 학술 논문집 발간을 위해 후원해 주신 세종학연구원에 감사드리고, 이 학술지를 맡아 발행해 주고 있는 세종학연구원 박 은화 원장을 비롯한 관계자 여러분에게도 감사의 말씀을 드린다.

서기 2022년 12월 27일 문원 글방에서

사단법인 국어순화추진회 회장 박 종 국 적음

---

[1] 「한결 김윤경 선생의 생애」 : (「애산학보 제36집」 게재 논문 「한결 김윤경 선생의 생애」를 수정 증보함, 애산학회, 2010. 4 발행)

## 국어순화정책
### 9·2022

### 차 례

「국어순화정책」 제9호를 내면서 ……………………………… 박종국……1

<논 문>

최근 유행어의 분류·분석적 고찰
　　　　　　　　　……………………………성낙수(한국교원대학교 명예교수)……7
정부 보도자료의 로마자 사용 실태와 우리말 약칭 사용 제안
　　　　　　　　　………………………이건범·김명진(한글문화연대)…………33

<외래어 순화어>

생활 순화어 ……………………………………………………………… 79
전산어 순화어 ………………………………………………………… 102

<참고글>

한결 김윤경 선생의 생애
　　　　　　　　　……………………………박종국(국어순화추진회 회장)…………157

# 최근 유행어의 분류·분석적 고찰

성낙수(한국교원대학교 명예교수)

## 1. 들어가는 말

　유행어는 어느 한 일정한 시기에 널리 쓰이다가 사라지는, 단어나 구절 또는 신어(新語), 신조어(新造語)[1], 은어(隱語)[2], 속어(俗語)[3] 등이 포함된다. 대개 수명이 짧은 것이 특징이나, 어떤 것은 보통말, 또는 표준어로 자리잡아 오래 쓰이기도 한다. 독특하고 신기(新奇)한 표현, 그 한 시대를 풍자하는 의미나 해학성 등으로 인하여, 널리 통용되고 사랑받는 것이 특징인데, 때로는 너무 경박한 느낌을 주기도 하지만, 오히려 격식에 사로잡히지 않은 표현이나 발음이 대중에게 크게 환영받는 까닭이 되기도 한다.

　현대에 와서는 대중매체가 발달하고, 컴퓨터에서 자유롭게 쓰이는 인터넷 온라인의 시대가 도래하면서, 많은 유행어가 나타나게 되었다. 더군다나 최근에는 코로나 사태와 같은 요인으로 사람들 간의 친밀감 형성이 어려워지고, 채팅이나 댓글 게시글 등을 통한 단어와 문장을 통해서 소통하기 때문에 더욱 급증한다고 보는 견해도 있다.

　또한 특정 단체나 세대가 특별히 사용하는 언어가 있다면, 소속감이 훨씬 더 크게 느껴진다는 견해도 있고, 친구들이 사용하는 단어를 나도 사용

---

[1] 새로 만들어진 단어 및 용어 가운데 표준어로 등재되지 않은 말.
[2] 어떤 계층이나 부류의 사람들이 다른 사람들이 알아듣지 못하도록 자기네들끼리만 빈번하게 사용하는 말.
[3] 통속적으로 쓰는 저속한 말 혹은 점잖지 못하고 상스러운 말.

하는데, 주변 어른들을 모르거나 다른 사람들은 모른다면, 재미있지 않으냐고 생각하기도 한다. 이처럼 단순히 재미가 있어서 만들어내어 사용하기도 하고, 계속해서 어려워지고 복잡해지는 세상에서 새로운 말이라도 하는 재미라도 있어야, 하루를 즐겁게 보낼 수 있지 않으냐는 인식도 가진다.

최근 MZ세대4) 사이에서는 무수히 많은 유행어가 생겨나고 있다고 한다. 특히 신조어가 많은데, 이는 사회 분위기나 트렌드를 반영하므로, 이를 잘 사용하면 홍보 마케팅에서 효과를 볼 수 있다고 하는데, 신조어를 사용하는 고객과 더 가깝게 소통할 수 있기 때문이라고 한다. 그래서 홍보 담당자라면, 신조어나 최신 트렌드에 대해서도 많이 알아두는 게 좋다고도 한다.

그렇지만 신조어를 홍보 마케팅에 여과 없이 사용하거나 과도하게 쓰면, 방송·일상생활에서도 지나치게 쓰게 되어, 기존의 언어를 파괴하고, 세대 간 단절을 부르기도 하는데, 특히 신조어에는 은어·비속어 등이 포함되는 경우가 많기 때문이다. 또한 무분별하게 단어를 줄여 말하는 '줄임말'들은 세대 간 대화 단절과 국어 규칙 파괴로 이어질 수 있다. 그러므로 신조어를 단순히 즐거움으로만 생각할 것이 아니라, 위태로움을 가지고 우리말의 순수성과 가치를 지키려는 노력이 필요하다.

또한 오늘날 세계가 하루 생활권에 들고, 인터넷으로 거리의 제약이 줄어들며, 학교나 사회에서 외국어를 쉽게 습득하는 관계로 유행어에는 많은 외국어가 쓰이고 있다. 이는 국어의 오염은 물론 순수성이 사라지거나, 유흥이나 퇴폐성에 노출될 위험도 있다.

본고에서는 최근 대중매체에 나타나고 있는 유행어의 실태를 파악하여,

---

4) 1980년대 초~2000년대 초에 출생한 '밀레니얼 세대'와 1990년대 중반부터 2000년대 초반 출생한 'Z세대'를 아우르는 말. Z세대를 규정하는 가장 큰 특징은 '디지털 원주민(Digital native)'. 2000년 초반 정보기술(IT) 붐과 함께 유년 시절부터 인터넷 등의 디지털 환경에 노출된 세대답게 신기술에 민감할 뿐만 아니라 이를 소비활동에도 적극 활용하고 있다. 단적인 예로 옷이나 신발 책 음반은 물론 게임기 등 전자기기의 온라인 구매 비중이 모두 50%를 넘는다. 소셜미디어를 적극 활용, 신중하게 구매하는 경향도 강하다.

그 양상을 분류하고 분석하여 고찰하는 데 목적이 있다. 이로써 유행어의 특성을 밝혀 국어 사용 실태를 규명함은 물론 잘못되는 방향에 대하여는 고쳐나가야 할 방향도 제시하게 될 것이다.

## 2. 최근 유행어 사용 실태

2000년대에 들어와서 세계는 전보다 더 급격히 가까워지고, 매스컴도 눈부시게 발전하게 되었다. 이에 물론 기성세대도 면에서 달라지고 있음은 물론 새로운 문화에 적응해 나가고 있다. 이 시대에 태어난 세대들은 그 전의 세대와는 다르며, 더욱 발전된 문명의 혜택을 누리고, 많은 분야에 빠른 학습과 교류를 누리고 있다. 이 시대에 범람하는 유행어는 더욱 많아지고, 다양한 모습을 보이고 있다. 이를 크게 '한국어'와 '외국어(외래어 포함)'로 나누어 살펴보기로 한다.

### 2.1. 한국어

한국어는 머릿글자말, 줄임말, 단일어, 합성어로 나누어 볼 수 있다.

#### 2.1.1. 머릿글자말[5]

'머릿글자말'은 낱말의 첫 자모를 떼어서, 낱말 대신 쓰는 것이다.( ( ) 안에서 왼쪽은 본 낱말, : 표시 오른쪽은 뜻)

---

[5] 머릿글자말은 영어의 경우 단어의 첫 알파벳을 가져다가 쓰는 것이고, 한국어는 단어의 첫 자모를 가져다가 쓰는 것이다. 이는 뒤에 다룰 '가위질말'과 다르다.(김석득 1992 : 315-316) 이 경우 외국어의 낱말이 잘려 쓰인 것도 전체적으로는 한국어로 보았다. 여기서 드는 예들은 자모의 순서가 아니다. 이하 같다.

예:

ㄲㄲ(낄낄 : 웃는소리), ㅇㅈ(인정), ㅂㅂ(바이바이), ㄱㄷ(기다려 기다려), ㅌㅌ(텨텨 튀어 도망쳐), ㄱㅇㄷ(개이득 완전 이득이다 무척 이득이다), ㅁㅊ다 ㅁㅊ어(미친다 미쳐), ㅈㄱㄴ(제곧내. 제목이 곧 내용 본문없이 제목으로만 씌여진 게시글), ㅂㅂㅂㄱ(반박불가), ㅈㅅ(죄송), ㅈㅈ(Give up Game), ㅋㅋ('키키' 또는 '크크'), ㅎㅎ(흐흐, 호호), ㅇㅈ(인정), 700(귀여워), ㅁㄴㅇㄹ(아무 생각이 없다는 뜻)

### 2.1.2. 줄임말(가위질말6))

'줄임말'은 낱말의 첫 글자를 떼어내서, 합성하여 쓰는 것이다. (우리말처럼 쓰이는 외국어 포함. (  ) 안에서 : 표시 왼쪽은 구조, 오른쪽은 뜻)

예)

가패삼(가둬 놓고 패면 기본이 삼대 영), 간국(강간+국가), 강약약강(강자에게 약하고 약자에겐 강하다), 개딸(개혁의 딸), 공крytekill(공부+권태기 : 공부하는 데 집중력이 하락 되어 슬럼프에 빠지는 일), 교순소(교정직 공무원, 순경, 소방공무원), 국개론(국민+개새끼론), 군통령(군대+대통령 : 군인들에게 인기가 있는 가수), 국뽕(국가+히로뽕(philopon) : 자신의 국가의 소속감에 대한 맹목적인 자신감), 군수(군대+수능), 국룰(국민+rule : 보편적인 규칙),
눈팅(눈+미팅 : 인터넷상에서 게시판에 글을 쓰거나 다른 사람의 글에 댓글을 다는 따위의 행동을 하지 않고, 그냥 지켜보기만 하는 일), 겨털(겨드랑+털) 극혐(극도+혐오), 깜놀(깜짝+놀람), 내돈내산(내 돈 주고 내가 산 물건), 날먹(날로+먹다), 대프리카(대한민국+아프리카 : 아주 더운 우리나라), 동사나사('동기 사랑은 나라 사랑', 주로 군대나 대학생들 사이에서 씀), 떼빙(떼로 하는 드라이빙 : 도로를 점령하고 무리를 이루어 운전하는 일),
미존과환존('비존'은 '미치게 하는 존'의 준말로 타자 바깥쪽으로 꽉 차게 들어오는 공을 말하고, '환존'이란 환장하게 하는 존의 준말로 타자 몸쪽으로 꽉 차게 들어오는 공을 말함), 반글화(반쪽짜리 한글화 : 주로 자막 혹은 음성의 일

---

6) 김석득(1992 : 315-316)에서 이런 말을 '가위질말'이라고 하여, '머릿글자말'과 구별하였다.

부는 한국어, 일부는 외국어로 표기되는 게임에 쓰임), 발컨(발로 하는 컨트롤(controle) : '발로 해도 이것보단 낫겠다'는 말), 폭망(폭삭 망하다 : 완전히 실패함을 이르는 말),
억까(억지로 까다 : 대상을 비판, 비난하는 이유가 말도 안 되는 억지일 때 사용하는 말), 억빠(억지로 빤다 : 대상을 칭찬할 때 이유가 억지일 때 사용하는 말), 야동(야한+동영상), 삼고빔·삼고빕(삼가 고인의 명복을 빕니다), 이대남(이십대+남자), 이대녀(이십대+여자),
몰컴(몰래+컴퓨터하기), 먹방(먹으면서 하는 방송), 디카(디지탈+카메라), 돌싱(돌아온 싱글), 먹튀(먹고 튀다), 차도남(차가운 도시 남자), 잤잤(잤네 잤어), 여병추(여기 병신 하나 추가요), 셀카(셀프 카메라), 다꾸(다이어리 꾸미기), 신꾸(신발 꾸미기), 깊꾸(기프티콘 꾸미기), 비대위(비상 대책 위원회), 폴꾸(폴라로이드 꾸미기), 캘박(칼린더 박제), 웃안웃(웃긴데 안 웃겨), 완내스(완전 내 스타일), 졌잘싸(졌지만 잘 싸웠다),
좋댓구알(좋아요+댓글+구독+알림 설정), 많관부(많은 관심 부탁드립니다), 어쩔티비(어쩌라고 안 물어봤는데), 갓생(god 인생), 나심비(나의 심리+가성비 : 내 만족이면 된다!), 스불재(스스로 불러온 재앙), 억텐(억지 텐션), 진텐(진짜 텐션), 찐텐(찐한 텐션), 내또출(내일 또 출근), 군싹(군침이 싹 도네), 완내스(완전 내 스타일), 당모치(당연히 모든 치킨),
이왜진(이게 왜 진짜지?), 안물안궁(안 물어봤고, 안 궁금하다), 무불보(무엇이든지 물어보세요), 남아공(남아서 공부나 해), 낄끼빠빠(낄 데는 끼고 빠질 때는 빠져라), 번달번줌(번호 달라고 하면 번호 줌?), 복세편살(복잡한 세상 편하게 살자), 취존(취향존중), 팩폭(팩트+폭행 : 사실로 패준다), 갑분싸(갑자기 분위기 싸해진다),
패완얼(패션의 완성은 얼굴), 시강(시선+강탈), 빛삭(빛의 속도로 삭제), 애빼시(애교 빼면 시체), 극혐(극도로 혐오), 교카충(교통카드+충전), 버카충(버스카드+충전), 솔까말(솔직히 까고 말해서), 궁물(궁금한 것을 물어보다), 자강두천(자신감이 강한 두 천재), 엄근진(엄격 근엄 진지), 억까(억지로 까다), 갈비(갈수록 비호감), 구취(구독취소), 강직인(강아지 키우는 직장인),
싫존주의(싫어하는 것도 존중해 줘라), 좋댓구알(좋아요, 댓글, 구독, 알림설정), 꾸안꾸(꾸민 듯 안 꾸민 듯), 꾸꾸꾸(꾸며도 꾸질꾸질), 빠태(빠른 태세 전환), 반모(반말 모드), 여사친(여자+사람+친구 : 좋아서 사귀는 감정 없이 단순히 성별이 여자인 친구), 남사친(남자+사람+친구 : 애인은 아닌 이성 친구. 성별이 남자), 남소(남자+소개 : 남자 소개 해 주세요), 여소(여자+소개 : 여자 소개 받습니다), 닥본사(닥치고 본방 사수), 도촬(도둑+촬영), 몰카(몰래+카메라),
스압(스크롤+압박), 쌍수(쌍커풀+수술), 얼사(얼굴+사진), 자소서(자기+소개서), 장미단추(멀리서 보면 미인 가까이서 보면 추녀), 존예(존나 예쁘다), 존잘(존나 잘 생겼다), 존쩔(존나게 쩐다), 졸사(졸업+사진), 주장미(주요+장면+미리 보기), 수꼴(수구+꼴통), 빙쌍(빙그레+쌍년), 갑통알(갑자기 통장을 보니 알바를 해야 할 것 같다),
내또출(내일 또 출근 혹은 출석), 개드립(개같은 애드립), 슬세권(슬리퍼+세력+권), 대깨문(대가리가 깨져도 문재인), 검수완박(검찰 수사권 완전 박탈), 공밀레(공돌이+에밀레 : 연구원들을 부려먹어 무엇인가 대단한 연구나 물건을 만들었을 때를 가리키는 인터넷 용어), 공출목(공항 사진+출퇴근길 사진+목격담 : 공항, 출퇴근 길에 목격해서 찍은 연예인 사진이나 목격담 금지), 관종(관심+종자 : 관심을 받고 싶어하는 사람), 관크(관객+크리티컬 : 공연 관람 과정에서 다른 관객의 관람을 방해하는 행위),
금사빠(금방 사랑에 빠지다), 근자감(근거 없는 자신감), 급똥(급한 똥 ; 갑자기 느끼는 대변 신호), 길막(길을 막는 행위), 꼴리건(꼴등 롯데+훌리건 : 악질 팬), 꿀벅지(꿀+허벅지 : 적당히 굵고 탄력있는 허벅지), 끌올(끌어+올리다 : 예전에 있던 내용을 다시 작성함), 끔살(끔직하게 살해 당하다), 날방(날+방 : 날로 먹는 예능방송), 낮져밤이(낮에는 져주고 밤에는 이긴다 : 커플이 데이트를 할 때, 낮은 데이트의 주도권을 뺏기고 밤에 주도권을 가져온다는 뜻), 낮이밤져(낮에는 이기고, 밤에는 져 준다),
내로남불(내가 할 때는 로맨스, 남이 할 때는 불륜), 넌씨눈(넌 씨발 눈치도 없냐?), 눈새(눈치 없는 새끼), 넘사벽(넘을 수 없는 사차원의 벽), 네똥기(네 놈은 똥을 만드는 기계), 단짠(달고 짠 맛), 다태호(다시 태어나면 호날두), 단군드립(단군+드립 : 단군 이래 최○ XX의 시대 라는 식으로 사용), 단톡방(단체+talk+방 : 단체로 대화하는 방), 담튀(담을 튀어 넘는다),
덕업일치(덕질과 직업이 일치했다는 뜻), 데꿀멍(데굴데굴+꿀꿀+멍멍 : 상대방의 용서를 바라며 애원함), 들낙(친구 추가가 되어있는 사람이 방을 들어왔다 나갔다 하는 걸 반복하는 행위), 라밥(컵라면+밥 : 컵라면에 밥을 말아먹는 것), 만반잘부(만나서 반가워 잘 부탁해), 맏내(맏이+막내 ; 막내 같은 맏이를 이르는 말), 말벅지(말+허벅지 : 말처럼 굵은 허벅지), 문찐(문화 찐따 : 유행에 느린 사람), 밀당(밀고 당기기 : 연인 관계에서 밀고 당기는 심리전), 유지어티(유지+다이어트 : 다이어트 중인 사람). 배민맛(배달의 민족+맛 : 배달 음식의 비닐을 뜯는 기대감과 다 먹고 난 이후 맛), 백형(백인+형 : 백인 남자), 흑형(흑인+형 : 흑인 남자), 외퀴(외국인 팬+바퀴벌레 : 무개념 해외 팬들을 한국에서 비하적으로 표현하는 말), 웃찾사(웃음을 찾는 사람들), 부먹(부어 먹음 : 탕수육 소스를 부어 먹을 것이냐?), 찍먹(찍어 먹음 : 탕수육과 같이 소스가 따로 나오는 음식을 소스에 찍어 먹을 것이냐?),
북패(북쪽의 패륜 : 프로축구 FC 서울에 붙은 혐칭), 불금(불타는 금요일), 빼박(빼도 박도 못함 : 일이 몹시 난처하게 되어 그대로 할 수도 그만둘 수도 없음), 뽕빨(본전+빨리다 : 모든 '뽕'이 전부 상대에게 빨렸다는 뜻), 선빵(선제+방어 : 미리 방어하는 공격), 삼적화(삼성+적화 : 삼성전자와 하드웨어에 운영체제를 매끄럽게 구동시킨다는 개념의 '최적화'를 합친 말),
성괴(성형+괴물), 솔까말(솔직히 까놓고 말해서), 슴만튀(가슴만 만지고 튀다), 엉만튀(엉덩이를 만지고 튀다), 심남(관심+남자), 쌩얼(생(生)+얼굴 : 화장하지 않은 얼굴), 썩소(썩은 미소 : 말 그대로 사악함이 물씬 풍겨나는 음흉한 미소), 안물안궁(안 물었고 안 궁금해 : 남의 말을 무시할 때 씀). 알잘딱깔센(알아서 잘 딱고 깔끔하고 센스있게),
야민정음(야갤+훈민정음 : 한글 자모를 모양이 비슷한 것으로 바꾸어 단어를 다르게 표기하는 인터넷 밈), 야부리(야한 부리 : 터무니 없는 말, 거짓말 등을 뜻하는 속어. 뜻이 확장 되어 '격의 없는 이야기' 자체를 뜻하는 말), 억까(억지로 까?), 얼짱(얼굴+짱나), 엄빠주의(엄마 아빠 주의), 연서복(연애에 서툰 복학생), 엄친아(엄마 친구 아들 : 자신보다 잘난 사람 또는 대중들에게 어느 것 하나 빠지지 않는 완벽한 사람),
열폭(열등감+폭발 : 과도하게 흥분해서 나오는 비방이나 욕설), 용자(용기 있는 행동을 한 자), 움짤(움직이는 짤), 웃프다(웃기고 슬프다 : 표면적으로는 웃기지만 실제로 처한 상황은 슬픈 상태), 이뭐병(이건 뭐 병신도 아니고). 이생망(이번 생은 망했다), 일코(일반인 코스프레), 위꼴사(위가 꼴리는 사진), 은꼴사(은근히 꼴리는 사진), 이불킥(이불+킥(kick) : 이불 속에서 발길질을 하는 행위), 일기방패(일베+고기방패 : '고기방패→코기방패→일기방패'순으로 변화를 거쳐서 만들어진 용어), 일코(일반인+코스프레),
읽씹(읽고 씹다 : 문자나 메신저, SNS의 메시지 내용을 읽었음에도 아무런 답신을 하지 않는 경우), 악플(악성+리플), 선플(선한+리플), 암레발(설레발+

암드 : '가격이 이렇게 싸게 나올 것이다'라고 설레발치는 것), 자낳괴(자본주의가 낳은 괴물), 장몸비잘(장애인들 몸 비틀고 잘 노내), 정줄놓(정신줄을 놓았다 : 인터넷에서 어처구니 없는 상황이나 정신나간 사람을 보면 많이 쓰는 표현), 제곧내(제목이 곧 내용),
존못(존나 못 생겼다), 존예(존나 예쁘다), 좆망(좆도 망할 망(亡)하다), 좆문가(좆+전문가 : 그 분야의 전문가도 아닌 사람 내지는 일단 전문가이긴 하나 해당 분야에서의 능력과 자질이 부족한 사람), 좌좀(좌익+좀비), 지못미(지켜주지 못해 미안해), 지름신(물건을 지르고 싶어하게 만드는 신), 지잡대(지방 소재의 잡다한 대학 ; 지방 대학교를 비하하는 명칭), 직찍(직접 찍은 사진), 직캠(직접+카메라 : 직접 찍은 동영상), 짤방(짤림+방지),
짱시룸(아주 싫음), 쩍벌남(쩍 벌린 남자 : 단어 자체는 다리를 쩍 벌리고 앉는 남자), 찐찌버거(찐따+찌질이+버러지+거지), 찰벅지(찰진 허벅지 : 매끈하고 윤기나게 라인이 살아있어야 하고, 결정적으로 일정 수준 이상 육덕진 사람), 최애캐(최고 애정(혹은 애호)+캐릭터 : 가장 사랑하는 캐릭터), 치느님(치킨+하느님 : 한국 치킨이 맛있다는 이유로 만들어진 말), 치맥(치킨+맥주),
카공족(카페+공부+족 : 카페를 학습 공간으로 사용하는 사람들), 캐삭빵(캐릭터+삭제+빵 : 게임에서 정정당당하게 1:1로 결투(pvp)를 하여 패배한 플레이어는 그 캐릭터를 '삭제'하기로 약속하고 겨루는 결투), 코국가(코갤+애국가 : 코갤의 국가와도 같은 노래), 코렁탕(코+설렁탕 : 설렁탕을 코로 먹이는 고문 방법), 코스크(코+마스크), 턱스크(턱+마스크 : 턱에 걸치는 마스크), 텅장(텅빈+통장), 틀딱충(틀니+딱딱+충 : 노인을 혐오하는 말),
평타(평범한 타격 : 컴퓨터 게임이나 비디오 게임 등에서 아무런 기술도 사용하지 않고 단순한 클릭만으로 이루어지는 기본 공격), 폐녀자(폐기물+여자), 피꺼솟(피가 거꾸로 솟는다), 혐한(혐오+한국), 훈남(훈훈한 남자 : 보는 사람으로 하여금 흐뭇하고 따뜻한 기분을 느끼게 하는 성품 지닌 남자를 이르는 말), 듣보잡(듣지도 보지도 못한 잡놈), 병먹금(병신에게 먹이 금지 : 원래 관심병에 걸린 사람이 어그로를 끌고 있을 때, 상대해주지 말고 무시해 버리라는 뜻), 확찐자(살이 확 찐 사람), 흑누나(흑인+누나), 흑형(흑인+형),
흠좀무(흠 이게 사실이라면 좀 무섭겠다), 틀딱충(틀니 딱딱 충 : '틀니를 딱딱거린다'라는 일부 노인들의 특징에서 유래), 북증서(북한+인증서 : '북한의 대외 반응이 곧 하나의 신뢰성 있는 인증서와 같다'는 뜻), 불멍((장작)불을 보며 멍하게 있는 것), 설참(설명+참고), 숨듣명(숨어 듣는 명곡 : 대놓고 듣기는 민망하지만 좋은 노래), 스드메(스튜디오 촬영+드레스 대여+메이크업 : 결혼식을 올리기 전에 찍는 앨범 촬영에서 예식 당일 신랑 신부 화장까지 포함하는 결혼 준비의 핵심 과정을 가리키는 말),
알쓰(알코올+쓰레기 : 술을 잘 마시지 못하는 사람), 얼빽(얼굴이 빽빽하다 : 얼굴이 여백 없이 빽빽하게 들어가 있는 사진), 여쭉메워(여성시대+쭉빵카페+메갈리아+워마드 : 남성혐오, 페미나치의 인터넷 수도를 통칭하는 말), 영끌(영혼까지 끌어모음), 빚투(빚내서 투자), 의느님(의사+하느님 : 성형외과 의사들을 빗대어서 하는 말), 의새(의사+새끼 : 의사를 비하하는 말),
자만추(자연스런+만남+추구 : 남녀가 소개팅 등이 아닌, 자연스러운 만남을 추구한다는 뜻), 자캐화(자기+캐릭터(character)+화(化) : 원작이 존재하는 캐릭터나 인물들, 즉 1차 문화장르에 해당하는 캐릭터들을 2차 창작과정에서 자기 성격에 가깝게 변형시켜버리는 경우를 말함), 조탐(좋아요+타임 : '좋아요'를 눌러주면 '타임라인에 글 써준다'는 말), 지강(지극히 강함),
초통령(초등학생+대통령. 초등학생 나이 또래에서 인기가 많은 대상), 초품아(초등학교+품은+아파트 : 초등학교가 가까워 자녀들의 안전통학이 가능한 아파트 단지), 할말하않(할 말은 많지만 하지 않겠다 : 하고 싶은 말은 많으나 굳이 자세히 이야기하고 싶지 않거나, 굳이 꺼내서 이야기하고 싶지 않을 때 사용하는 말), 핵무새(핵(hack)+무새 : 상대방에게 실력으로 졌을 때 그 사람이 핵을 사용했다고 징치질하는 사람), 행쇼(행복하십쇼), 희얼사(희귀한 얼굴사 : 비연예인의 희귀한 사진), 희연사(희귀한 연예인 사진 : 뭔가 특이하고 괴이하면서 구하기 어려운 연예인 사진).

### 2.1.4. 파생어

접두사나 접미사가 붙어 새로운 낱말이 된 것이다.7) (외국어 포함. ( ) 안에서 : 왼쪽은 구조, 오른쪽은 뜻)

예)

개이득([개[이득]] : 크게 이익을 얻는 일 또는 그 이익을 속되게 이르는 말),

---

7) 이 경우 단어의 구조가 [[X]y]이면, 'X'는 어근 혹은 어간이고, 'y'는 접미사이고, 구조가 [y[X]]이면, 'y'는 접두사, 'X'는 어근 혹은 어간이다. 외국어의 접미사도 한국어에 붙으면, 전체적으로는 한국어가 된다.

궁예질(궁예+질 : 어떤 사실에 대해 정확한 근거 없이 멋대로 추측하고 판단하는 짓, 자신은 관심법을 터득했다고 주장한 궁예에 빗대어 이르는 말), 어이털림([[어이+털리]ㅁ]) : 어이 없음),
잼민이([[재미+있는]이] : 초등학생을 비하하는 말), 폰팔이([[폰+팔]이]), 꼼팡이([[꼼팡]이]), 귀요미([[[귀욥]ㅁ]이]), 고딩([[고]딩), 중딩([[중]딩]), 감동님([[감동]님], 고소미([[[고소]ㅁ]이]), 대리설렘([[대리+셀레]ㅁ] : 드라마나 영화 따위를 보면서, 등장인물에게 감정을 이입하여 마음이 두근거림을 느낌. 또는 그런 일), 돈질([[돈]질],
똘똘이([[똘똘]이]), 댕댕이([[댕댕]이], 담탱이([[담탱]이]), 닭이([[닭]이]), 덕질([[덕]질] : 자신이 좋아하는 부분에 파고 드는 행위, 관련된 것을 찾아보거나 모으는 등의 행위), 떡락([떡[락(落)]]), 떡실신([떡[실신]]), 떡장갑([떡[장갑]]), 똥별([똥[별]]),
빠순이([[빨]순이]), 빤스런([[빤[스런]]), 양아치([[양]아치]). 앵벌이([[앵+벌]이]), 앱등이([[앱]등이]), 약쟁이([[약]쟁이]), 알박기([[알+박]기]), 귀차니즘([[귀찮]ism : 만사를 귀찮게 여기는 것이 습관화된 상태), 혼바비언([[혼+밥]ian) : 혼자 밥을 먹는 사람], 꿀빠니즘([[꿀+빨]ism] : 의무는 지키지 않으면서 권리만 주장하는 주의),
달빠([[달]빠] : 타입문 팬), 담금질([[[담그]ㅁ]질) : 부단하게 훈련을 시킴을 비유적으로 이르는 말), 동빠([[동]빠] : 주로 불리는 명칭은 동방빠 혹은 동방빠순이), 맴찔이([[맵+찌질]]이) : 매운맛에 약한 사람을 칭하는 말), 먹고사니즘([[먹고+살]ism] : 먹고 사는 일을 최우선으로 하는 태도), 미리니름([[미리+니르]ㅁ] : 내용누설),
뻘글([뻘[짓]] : 짧고 별다른 생각없이 적은 글), 소매넣기([[소매+넣]기] : '소매치기'의 반대 의미로 쓰이는 말로 온라인 게임을 처음 시작한 이용자에게 상대방의 동의를 구하지 않고 게임 아이템 등을 퍼주는 행위), 쩌리([[쩔]이] : 다른 이들과 융화하지 못하고 주변을 겉도는 사람), 복돌이([[복(複)]돌이]) : 영화, 음악 따위의 각종 디지털 콘텐츠나 정품 소프트웨어 따위를 불법으로 복제해서 유포하거나 내려받아 사용하는 사람을 놀림조로 이르는 말),
빠돌이([[빠]돌이] : 호스트), 빠순이([[빠]순이] : 호스티스), 뻘글([뻘[글]] : 의미 없는 짓을 뜻하는 단어 뻘짓의 '뻘'을 접두사로 따와서 '별 의미 없는 글'), 뻘짓([뻘[짓]] : 아무런 쓸모가 없이 헛되게 하는 짓), 일빠([[일]빠]) : 일본식을 선호하는 이들), 완장질([[완장]질] : 집단 내에서 권력 과시적인 행

동을 하여 피해를 끼치는 행동),
자빠링([[자빠라지]ing] : 자전거, 오토바이 등의 두 바퀴로 된 것을 타다가 자빠지는 것), 존니스트([[존나]est] : 아주 잘한다), 좆목질([[좆목]질] : 친목질을 비하해서 나쁘게 보는 표현), 친목질([[친목]질] : 친한 사람들끼리 모임), 찌질이([[찌질]이] : 못났다는 말),
아까비([[아깝]이] : 아쉽거나 안타까운 상황 따위에서 '아깝다'라는 뜻), 영혼보내기([[영혼+보내]기] : 특정 영화를 지지하기 위해 영화를 직접 보지 않더라도 표를 예매하는 행위), 지품역(지하철+품+아파트 : 지하철역과 직접 연결되는 아파트 단지를 의미하며, 직통 역세권 아파트라고도 함),
집돌이/집순이([[집[돌이]/[[집[순이] : 밖에 나가서 활동하는 것을 좋아하지 않고, 집에서 시간을 보내는 것을 좋아하는 남자와 여자), 차파리([[차+팔]이] : 중고차 딜러를 비하하는 말), 힙찔이([[힙합+찌질]이] : 힙합 장르의 예술 행위를 주로 영위하거나 감상하는 사람들 중 악질적인 자들)

### 2.1.5. 단일어

파생이나 합성이 아닌 낱말들이다.

예)

가즈아(도박이나 투자에서 긍정적인 기대를 표현하는 감탄사), 고향세탁(고향+세탁 : 자신의 실제 고향을 숨기고 다른 지역을 자기 고향이라고 밝히는 행위), 괴식(괴상한 음식, 혹은 괴상한 식사법), 돈세탁(돈+세탁 : 부정한 돈을 합법적인 돈으로 바꾸는 것), 곤뇽(육군을 이르는 인터넷 용어. '육군'을 써 놓은 후 180도로 뒤집어 놓은 글자),
삼커다(3커다 : '사(4)커다'의 앞 단계로 아직 사커는 사이는 아니지만 서로 친하게 지냄), 꼰대(자신의 구태의연한 생각을 젊은이에게 강요하는 사람), 깜지(종이에 빽빽하게 글씨를 쓰는 과제), 각(상대 플레이어를 죽일 가능성을 '킬각(kill 角)'이라고 하였고, 줄여서 '각'이라고 하였음),
님(상대방을 높여 부르는 말), 뇽안('안녕'을 거꾸로 말하는 것), 님아(상대방을 높여 부르는 말), 돋네(소름이 끼친다, 끔찍하다, 깜짝 놀랐다, 무섭다 등의 뜻), 똻(놀라운 무언가 나타남을 보여줌. '딱'보다 강한 느낌), 뽀짝(방언에서 온 말로 '바싹'), 띵하다(무언가에 대해 깨달았다), 몰빵('몰방(沒放)'에서 온

것으로 '집중투자'를 속되게 이르는 말),
엽기(비상식적이고 괴이한 일에 흥미를 느끼는 것 또는 그런 일), 작업(이성을 유혹하는 일) 종범 '눈으로 볼 수 없는 무엇), 짝퉁(가짜나 모조품을 속되게 이르는 말), 짱(최고), 쩝쩝(난처하거나 못마땅할 때 씁쓰레하게 크게 입맛을 다시는 소리), 찜하다(자기의 것이라고 내세우다), 처묵처묵(음식을 게걸스럽게, 혹은 복스럽게 먹는 모습),
폐인(컴퓨터와 인터넷과 관련된 취미, 커뮤니티, 온라인 게임, 일, 기타 등등에 대해 극단적으로 심취한 사람), 허접(질이 낮거나 허술함), 호갱(호객(虎客) : 어수룩하여 이용하기 좋은 손님을 낮잡아 이르는 말), 호구(바둑 용어 호구(虎口)에서 나온 유행어로, 어수룩해서 이용하기 좋은 사람 혹은 이용을 잘 당하는 순진한 사람), 흐긴(흑인을 친근감 있게(혹은 웃기게) 표현하는 뜻), 히익(몹시 놀라거나 부정적인 반응을 보일 때 사용하는 말),
뽀짝(앞말에 붙어 앞말이 나타내는 성질을 강화하는 부사), 일진(학교에서 패싸움을 벌이는 학생), 파오후(뚱뚱한 사람의 숨소리를 비하하는 말). 짜라짜라(부사로 신날 때 씀), 하악하악 · 하앍하앍(인간 혹은 동물의 거친 숨소리를 나타내는 단어), 행자(절간에 머물며 불도를 닦듯이 특정 사이트에 오랫동안 머물러 있는 마니아), 서순('순서'를 뒤집은 말 : 어떠한 사람의 특정 행동이 순서가 잘못되었을 때 글자 순서를 뒤집어 사용하여 비꼬는 뜻을 가짐), 허버허버 (허버허버 : 음식을 게걸스럽게 먹어 치우는 모습을 뜻하는 말).

### 2.1.6. 합성어

합성어는 낱말과 낱말이 합쳐지는 것이다. 이에는 한국어 낱말들이 주로 이루고, 일부 외국어(혹은 외래어)가 합쳐지기도 한다,

예)

가심비(가격 대비 심리적 만족도), 가오충(가오+충(蟲) : 멋을 내는 사람), 냄비받침(냄비+받침 : 내용이 부실한 책), 떼창(떼+창 : 떼로 부르는 노래), 먹튀증발물(먹튀+증발+물 : 요즘 것을 못 따라 오는 사람), 어쩔냉장고(어쩔+냉장고 : 전자제품이랑 연관시켜서 공격함), 재미뿌(재미+뿌(不) : 재미없음), 간지폭풍말(간지+폭풍+말 : 간지(멋)가 폭풍처럼 휘몰아치는 것을 뜻하는 단어. 폭풍간지라고도 한다), 검열삭제(검열+삭제 : 검열에 의한 내용의 삭제), 견공

자제분(견공+자제+분 : 개새끼), 고담대구(고담+대구 : 영화 배트맨에서 나오는 가상의 막장, 범죄 도시인 고담을 빗대어 부르는 말), 고추장남(고추장+남 : 경제적 능력이 없고 자기 관리를 못하는 남성),
귀족노조(귀족+노조 : 이미 충분한 대우를 누리면서도 지나치게 많은 요구를 하는 노동조합), 금융치료(금융+치료 : 위자료), 니트족(니트+족 : 나라에서 정한 의무교육을 마친 뒤에도 진학이나 취직을 하지 않으면서도, 직업훈련도 받지 않는 사람을 가리키는 말로, Not currently engaged in Education, Employment or Training에서 온 것), 대학5학년(더 좋은 직장을 얻기 위하여 일 년 더 대학에 다니면서 취업을 준비하는 학생을 이르는 말), 독박병역(대한민국 남자들은 여태까지 남자라는 이유 하나만으로 병역의무를 독박 쓰듯이 져왔다는 뜻),
된장녀(된장+녀 ; 경제적 능력이 없고 자기 관리를 못하는 여성), 관심병(관심+병 : 관심을 받고 싶어 하는 욕구가 지나치게 높은 병적인 상태), 급식충(급식+충(蟲)), 일베충(일베+충), 진지충(진지+충), 설명충(설명+충), 금수저(금+수저), 은수저(은+수저), 흙수저(흙+수저) 기생충(기생+충), 길빵(길+빵 : 호출을 받지 않은 대리운전사가 가로채는 일), 김치년(김치+년 : 몰상식하고 이기적인 행태를 보이거나, '개념 없'는 여성), 까임방지권(까임+방지+권 : 잘못을 저질렀을 때 비난이나 악성 댓글을 면제받을 권리를 속되게 이르는 말), 깨알같다(깨알+같다 : 사소하지만 은근히 존재감이 있다),
꿀잼(꿀+잼 : 매우 재미있음), 나비효과(나비+효과 : 어느 한 곳에서 일어난 작은 나비의 날갯짓이 뉴욕에 태풍을 일으킬 수 있다는 이론), 노력충(노력+충) : 노력만 하는 사람), 노루표(노루+표 : 포르노를 거꾸로 뒤집어 읽은 것이 노루표와 발음이 유사하여 나온 말(노르포→노루포→노루표)), 논리왕(논리+왕 : 논리적으로 들어맞지 않는 자신의 주장을 바꾸지 않고, 타인 혹은 자기 스스로에게 억지로 납득시키려 하거나 스스로의 정신승리를 일방적으로 선언하는 사람), 뇌구조(뇌+구조 : 자신이 주로 생각하고 염두에 두며 가치를 두는 것과 그렇지 않은 것을 구분해서 설명하는 것),
대인배(대인+배(輩) : 도량이 넓고 관대한 사람을 소인배에 상대하여 이르는 말), 대첩(대+첩 : 승자가 없는 싸움), 돌직구(돌+직구 : 야구계에서 아주 힘이 좋고 돌처럼 강한 직구), 두부마왕(두부+마왕 : DB접속 오류를 일컫는 말로, 'Data Base'의 앞 글자인 DB와 두부가 일치하기 때문에 붙은 말), 뒷광고(뒷+광고 : 소비자에게 광고가 아니라고 거짓말을 하면서, 부정 광고를 하는 행위),

뒷담화(뒷+담화 : 남을 힐뜯는 행위 또는 그러한 말), 땅개(땅+개 : 육군을 속되게 부르는 말), 딱대(딱+대(다)), 막장부모(막장+부모 : 부모로서 양육의 의무와 도덕적 책임을 저버린 자들),
만물일베설(만물+일베+설 : 자기의 의견/기준과 다르면 일베 유저로 몰아가는 사람들과 제대로 알지 못하면서 일베 유저로 몰아가는 사람들을 비꼬는 용어로 사용되는 것), 딸바보(딸+바보 : 딸을 지극히 사랑하는 사람), 모태마름(모태+마름 : 태어날 때부터 마름), 무과금(무(無)+과금 : 온라인 게임 등에서 유료 서비스를 결제하지 않고 이용하는 것), 목메달(목+메달 : 올림픽이나 아시안 게임 등 우승자에게 메달을 수여하는 대회에서 4강이나 결선 등 우승권 안에 들어갔으면서, 메달을 따지 못한 경우를 이르는 말), 문신충(문신+충 : 문신을 하고서 양아치짓 같은 극악무도한 짓을 저지른 급식충이나 조직폭력배를 비롯한 인간쓰레기들을 지칭, 혹은 그렇게 문신을 하고 센 척하는 사람),
방송교수(방송+교수 : 학술활동이나 연구강의 등은 소홀하면서 언론 출연과 방송활동에만 열중하여 인지도와 저명성을 높이려는 일부 교수), 부모찬스(부모+찬스(Chance) : 혼자서 해결하기 힘든 일을 부모의 사회적 영향력을 통해 해결하는 것을 두고 표현된 말), 엄마찬스(엄마+찬스 : 혼자서 해결하기 힘든 일을 엄마가 해줌), 아빠찬스(아빠+찬스 : 혼자서 해결하기 힘든 일을 아빠가 해줌), 선당후곰(선다+후곰 : 먼저 당첨되고, 후에 고민하자), 에바참치(에바(Over의 변형)+참치 : 과한 행동이나 말), 바선생(바+선생 : 바퀴벌레), 바지사장(바지+사장 : 회사의 경영에 참여하지 않고, 운영하는 데 필요한 명의만 빌려주고 실제는 운영자가 아닌 사장),
방구석여포(방+구석+여포 : 현실 세계에서는 존재감을 드러내지 않으나 사이버 세계에서는 활발하게 활동하는 사람들을 짓궂게 놀리는 표현), 벼락거지(벼락+거지 ; '벼락부자'의 반대 개념), 별다방(별+다방 : 스타 박스), 벽력일섬(벽력(霹靂)+일섬(一閃) : 번개가 내리치는 정도의 빠른 속도), 병맛(병+맛 : 맥락 없고 형편없으며 어이없음), 빨간약(빨간+약 : 포비든 요오드), 사당오락(시당+오락 : 하루 네 시간만 잠자면서 공부하면 대학 입학에 성공하고 다섯 시간 이상 잠자면 대학 입학에 실패함을 이르는 말),
솔로몬병(솔로몬+병 : '선비병', '황희병'이라고도 하며, 이는 본인이 매우 현명하고 치우치지 않은 듯 포장하여, 누가 봐도 한쪽이 잘못한 일을 양쪽 다 똑같다고 말하며 양쪽의 잘못을 인정하는 쿨함, 냉철한 두뇌를 가진 척하는 병을 말함), 삼엽충(삼엽+충 : 삼성과 관련된 것에 대해 맹목적인 추종을 하는 사람들을 일컫는 말), 빵셔틀(빵+셔틀(shuttle) : 학교 매점에서 빵을 사다 주는 학생), 생동차(생동(生動)+차 : 과거 사법시험, 현재 5급 공개경쟁채용시험, 감정평가사, 변리사, 법무사, 회계사시험 등에서 한 번 만에 붙는 사람을 가리키는 말),
생존신고(생존+신고 : 인터넷상에서 한동안 자취를 감췄던 이용자가 잠수 중이거나 접은 것이 아님을 알리는 글), 서울공화국(서울+공화국 : 한국의 정치, 경제, 사회, 문화 따위의 모든 부분이 서울에 과도하게 집중된 현상을 비꼬아 이르는 말), 선제작후설정(선제작+후설정 : 단편보다 복잡한 세계관과 줄거리를 특징으로 하는 장편 작품에서, 일단 콘텐츠를 제작한 다음에 나중에 스토리를 추가하는 행위), 후제작(후+제작 : 간단한 스토리만 만들어 놓은 콘텐츠에 나중에 세부적인 사연이나 설정을 붙이는 행위),
설명충(설명+충 : 설명과 벌레의 합성어로 딱히 풀이할 필요가 없는 사안까지도 진지하게 설명하려 하는 사람), 섬짱깨(섬+짱개 : 대만 사람들을 낮추어 부르는 말), 세금도둑(세금+도둑 : 행정기관 및 공공기관 그리고 정부의 일에 종사하는 사람들), 소일본(소+일본 : 좁쌀만한 일본이란 뜻으로 중국인들이 일본을 비하할 때 쓰는 말), 선비병(선비+병 : '황희병, 솔로몬병'이라고도 함. 자기만 냉철한 두뇌를 가진 척하는 병), 시발비용(시발+비용 : 스트레스를 받아 홧김에 소소한 물건들을 구매하며 쓰는 비용), 쌩까다(쌩+까다 : 완전히 무시하다),
어장관리(어장+관리 : 대상 이성이 자기에게서 벗어나지 못하게 하는 행위), 아무 말 대잔치(맥락 없이, 생각 없이, 혹은 당황하여 입에서 나오는 아무 말을 그대로 모두 내뱉는 것), 엄지척(엄지+척 : 엄지손가락을 척 드는 일), 여왕벌(여왕+벌 : 조직 안에서 인정받는 한 여성), 역대급(역대+급 : 대대로 이어 내려온 여러 대 가운데 상당히 높은 수준에 있는 등급), 롬곡옾눞(폭풍+눈물 : 폭풍눈물을 180도 뒤집어서 썼을 때 '폭풍눈물'과 모양이 비슷해서 만들어진 것으로, 폭풍처럼 많은 눈물을 흘리게 되는 상황에서 사용할 수 있음), 우주구(우주+구 : 우주를 활동무대로 잡는 존재 또는 그러한 수준),
월요병(월요+병 : 월요일마다 육체적, 정신적 피로를 느끼는 증상), 입진보(입+진보 : 겉멋만 든, 허울뿐인 진보주의, 한마디로 '입으로만 떠드는 진보주의' 또는 그러한 사상을 가진 사람을 까는 용어), 자연인(자연+인 : 자연과 더불어 사는 사람), 자택경비원(자택+경비원 : 사실은 마땅한 직업이 없고 딱히 다른 생산적인 활동이나 준비도 하지 않으면서 집에 틀어박혀 식재료만 축내는 사람), 저질체력(저질+체력 : 운동을 싫어하거나 여건상 할 수 없는 이유, 또는 선천적으로 몸이 약한 이유로 못하는 체력),
전투종족(잔투+종족 : 전투민족과 비슷하게 종족 전체가 전투력이 강한 종족), 정무적 판단(정무적+판단 : 정치에 관한 사무적, 행정적인 것을 인식하여 특정한 논리나 기준 따위에 따라 판정을 내리는 인간의 사유 작용), 정주행(정+주행 : 연속 출판물, 드라마, 영화 시리즈물을 차례대로 처음부터 끝까지 보는 것), 제목학원(제목+학원 : 엄청나게 적절한 제목을 달아서 감탄이 절로 나오는 제목), 종결자(종결+자 : 절대적인 우위를 점할 만큼 월등한 능력을 가진 사람), 진지충(진지+충 : 분위기를 읽지 못하고 진지하게 구는 사람을 비하하는 말),
질소과자(질소+과자 : 포장의 부피에 비해 과자의 양이 매우 적은, 과대 포장이 된 과자를 비꼬아 이르는 말), 재범오빠찌찌파티(재범오빠+찌찌파티 : 상체를 벗은 남자 연예인이나 남캐에게 흔히 따라붙는 드립이 됐다가 후에는 노출이 없더라도 남자 연예인이나 남캐에게 열광하는 반응을 보이는 말), 중2병(중2+병 : 중학교 2학년 및 그 전후 시기의 행동을 병적으로 보는 명칭), 짐승남・짐승돌(짐승+남/짐승+돌 : 짐승처럼 거친 아름다움이 돋보이는 남자), 천조국(천+조+국 ; 예산이 천조인 나라), 철밥(철+밥통 : 해고의 위험이 적고 고용이 안정된 직업),
최고존엄(최고+존엄 : 네티즌들이 '최고존엄(웃음), 체고저돈(體膏猪豚), 최고좃놈, 최저존엄, 최고무게, 체고(彘膏)조놈, 체고조님彘膏조님, 체고저놈, 최고돈엄, 돼지존엄, 돼지돈엄, 체조고넘, 최고좃엎' 같은 식으로 비꼬아서 욕처럼 부르는 말), 콩다방(콩+다방 : 스타박스), 큰형님(큰+형님 : 두목급 인사들이나 두목에 준하는 인사), 킹왕짱(킹(king)+왕(王)+짱 : 세상에서 가장 좋다), 파오후쿰척쿰척(파오후(노인의 숨소리)+쿰척쿰척(노인의 입소리) : 노인들을 비하하는 말), 탕진잼(탕진+잼 : 일상생활에 지장이 되지 않는 범위 내에서 푼돈을 소모하는 일), 평생까임권(평생+까임+권 : 사회 통념상 심각한 사고나 범죄 행위를 했기 때문에 평생 동안 비판을 받으며, 사회에서 나쁜 평가를 받게 되는 것을 뜻함),
품절남・품절녀(품절+남/품절+녀 : 인기가 많지만 이미 결혼했거나 결혼할 예정인 남・녀), 하의실종(하의+실종 ; 초미니스커트나 핫팬츠가 상의 밑단보다 짧아 맨다리나 스타킹만 보이는 게 언뜻 보면 마치 하의를 안 입은 것 같다면서 만들어진 표현), 한남충(한(韓)+남(男)+충(蟲) : 한국 남자. 한국 남성 전체를 벌레로 비유해 싸잡아 비하하는 데 쓰이는 별칭), 홍대병(홍대+병 : 문화적으로 깊이가 있는 것이 아니라, 단지 겉으로 보이는 '차이'만을 추구한다는 이유로 그렇게 좋은 평가를 받지 못함), 희망고문(희망+고문 : 안 될 것을 알면서도 될 것 같다는 희망을 주어서 상대를 고통스럽게 하는 것), 흙수저(흙+수저 : 부모에게 경제적 지원을 받기 어려운 가정에서 태어난 사람), 한입충(한+입+충 : 남의 음식이 보이면 무조건 '한입만' 하고 얻어먹는 사람),

극대노(극대(極大)+노(怒) : 아주 심하게 화를 냄. 맘충(맘(mam)+충 : 자신의 자식만 우선시하는 주부를 비하하는 단어), 혼술(혼자 먹는 술), 혼밥(혼자 먹는 밥), 집밥(집에서 먹는 밥), 사생팬(사생활+팬(fan) : 가수, 배우, 모델등 연예인, 유명 인터넷 방송인, 특히 아이돌의 사생활을 쫓아다니는 극성팬), 순수악(순수+악 : 자기 하고 싶은 대로 하는 일에서 나쁜 행동이라는 뜻), 순장조(순자+조 : 임기 마지막까지 대통령과 운명을 함께 할 참모들), 숲세권(숲+역세권 : 도시에서 숲을 이룬 곳), 슬세권(슬리퍼+역세권 : 슬리퍼 차림으로 각종 편의시설을 이용할 수 있는 주거 권역),

시선강간(시선+강간 : 타인의 의사와는 상관없이 의도적이고, 노골적으로 쳐다보며, 객체화하고 성적대상화하는 일), 식집사(식물+집사 : 반려식물을 키우며 삶의 활력을 찾는 사람들), 얼굴천재(얼굴+천재 : 어떤 집단이나 팀에서 미모가 뛰어난 사람), 엔딩요정(엔딩(ending)+요정 : 음악방송 등에서 무대의 엔딩샷에 잡혀 마지막을 장식하는 사람), 여풍당당(여풍(女風)+당당(堂堂) : 많은 여성이 사회에 진출하여 그 기세가 아주 현저함을 이르는 말), 예그리나/예그리니(예+그린+아/이 : 사랑하는 우리 사이), 육식녀(육식+녀 : 결혼에 진취적인 여성),

장비병(장비+병 : 각종 장비가 필요한 취미에 필요 이상으로 장비에 집착하거나, 장비 구입에 과소비하는 것을 비꼬는 말), 주침야활(주침+야활 : 아침에 자고 밤에 활동하는 것), 지뢰녀(지뢰+녀 : 숨어있지만 밟으면 터지는 지뢰처럼 겉으로는 문제가 없어 보이지만, 연애를 시작하면, 심한 집착 성향을 드러내는 여성), 코인충(coin+충 : 암호화폐 투자자들을 비하하는 말), 패션이과(패션+이과 : '무늬만 이과이고 사실은 이과가 아닌 학생), 품절남(품절+넘 : 인기가 많지만 이미 결혼했거나 결혼할 예정인 사람), 해복회로(행복+회로 : 행복한 상상을 하고 있는 상태를 말함).

## 2.1.7. 구·절·문장

여기서는 간단한 구나 절, 그리고 문장으로 어떤 상황을 나타내거나 비웃거나 풍자하는 것을 다룬다. 그러므로 그 예들은 정상적인 뜻으로 해석되지 않는 경우가 많다.

예)

가버낫(가넷이나 버는 게 낫지 않아요)?, 가엾고 딱한 자로다, 가슴이 웅장해진다, 가정이 무너지고 사회가 무너지고, 간 때문이야, 그거 먹는 건가요?, 강한 여성, 강호의 도리, 같은 한 표, 개념은 안드로메다로, 그게 나야~, 둠바둠바·두비두바(좋아 좋아)!, 그냥 죤나, 가만 있어야겠다, 그런 거 없다, 그런 짓은 하지 말아야 했는데 난 그 사실을 몰랐어, 그런데 말입니다, 꼽다(아니꼽다), 근왜주(그것은 왜지요)?, 긔엽긔는 거꾸로 해도 긔엽긔, 왜 우리 OOO 기를 죽이고 그래요, 기분이 어때?, 까야 제맛?, 깨어나세요, 용사여!, 꽃길만 걷자, 내가 이러려고 OOO을 했나?, 너 노사모지?, 너 때문에 흥이 다 깨져버렸으니까 책임져, 너어는 진짜, 너 왜 시비냐?, 너 당빠(당연하다), 인성 문제 있어?, 단언컨대 드립, 답이 없다, 대국적으로 하십시오, 대다나다(대단하다), 더 이상은 naver, 도우너 어서 오고, 도지삽니다, 돈 내놔라, 먹튀야, 돈쭐내다, 라떼는 말이야(나 때는 말이야),
머리부터 발끝까지 오로나민C, 머선 129(무슨 일인가)?, 매너가 사람을 만든다 머리부터 발끝까지!, 못 간다고 전해라, 못난 아버지를 둔 딸에게 정말 미안하다!, 무슨 마약하시길래 이런 생각을 했어요?, 무슨 죄, 무슨 지거리야, 문명하셨습니다, 묻지 마. 물 같은 걸 끼얹나?, 물은 셀프 뭐라고 하는지 모르겠다, 미안하다 이거 보여주려고 어그로 끌었다, 찐이야, 민지 와쩌요, 믿고 쓰는 OO산, 부끄러운 줄 알아야지, 반말 쓰지마!, 예쁘면 다냐?, 반으로 죽일 거야, 버려 버려 부라더 다메요, 불심으로 대동단결, 불 좀 꺼줄래?, 비트 꺼주세요 씨발, 빙빙 돌아가는 회전목마처럼, 뻘하다,
사딸라, 사랑에 빠진 게 죄는 아니잖아!, 사랑은 움직이는 거야, 사필없(사회에 필요가 없어요), 선 넘네, 세계가 지켜보고 있습니다, ~을(를) 자제해 주십시오, 센송합니다, 속아만 보셨어요. 손님 맞을래요. 손발이 오그라진다, 손이 얼(손님 이건 얼굴이오), 솔직히 야겜 안하는 애들이 사랑이 뭔지나 알겠냐?,

숨겨왔던 나의 수줍은 마음 모두 네게 줄게, 쉬는 시간에 공부하냐?, 모범생인 척 하지 마!, 시즌권 환불합니다, 신의 아들, 신의 한 수, 쓸데없이 고퀄리티, 아잇!, 어! 푸르르르르~~, 아직 모른다, 의문의 1승, 아행행, 악마의 편집, 안녕하살법, 안 본 뇌 삽니다(안 본 눈 삽니다), 안 봐도 비디오, 안 생겨요, 안습, 안알랴줌, 안여돼, 안여멸, 야이 딸빵새끼야!, 야호 나는 대관령이 좋아!, 약빨다, 염장을 지르다(화나게 하다),
우린 안 될거야 아마!, 우왕ㅋ굳ㅋ, 어마무시하다, 어서 와, XXX은(는) 처음이지?, 얄짤없다, 언니 저 맘에 안 들죠, 언덕 위의 하얀 집, 언론 믿지마 일베를 믿어, 우리의 주적은 간부, 우울할때 똥 싸, 우하하하 팡파레, 의문의 1승(의도하지 않았지만 이득을 얻게 된 상황), 1도(하나도), 장사셨제, ~지 말입니다, 쩐다(창작물 등을 만들다), 찜 쪄 먹기, 찰지구나!, 치키치키차카차카초코초코초, 한 뚝배기 하실래예, 한 번도 경험해보지 못한 나라, 우린 깐부 잖어~~(근카에서 남과 유대감을 쌓을 때 쓰는 말), 이게~~~머선일이고~~, 당근이쥐, 욕심쟁이 우후훗, 존맛(좋은+맛 : 음식이 매우 맛있음을 속되게 이르는 말), 흥해롱('흥'하지만 '해롱해롱'한다 : '흥!'하고 싫어하지만, 사실은 '헤롱헤롱'거리며 좋아한다는 뜻).

## 2.2. 한국어+외국어, 외국어+(외국어)

한국어와 외국어가 합쳐 쓰이거나, 외국어를 그대로 사용하는 경우가 여기에 해당된다.

예)

게슈탈트 붕괴(Gestaltzerfall+붕괴 : 시각 인식 불능증의 한 종류), 경크(경찰+critical : Among Us 등을 포함한 추리게임에서 마피아를 찾았을 때 사용), 김치 프리미엄(김치+premium : 한국에서 거래되는 암호화폐의 시세가 해외거래소 시세와 비교해 얼마나 높은가를 뜻함), 막내온탑(막내+on top : 아이돌 그룹에서 막내가 연령이 높은 멤버에게 장난을 스스럼없이 잘 치고 가끔은 놀려먹기도 하는 현상),
루이스의 법칙(Lewis's Law : '페미니즘이 필요한 이유는 페미니즘을 다룬 글에 달린 댓글이 증명한다'는 말), 마스(MaaS : 통합적으로 모든 이동 수단에 대한 정보를 제공하는 서비스), 킹받네(king+받네 : 열받네), 시월드(시집+월드(world) : 시집 또는 시집일가를 빗댄 말), 쌉에이블/쌉파서블(쌉+able/쌉+possible : 쌉가능, 나는 할 수 있다), 킹리적 갓심(king+리적(理的)+god심(心) : 합리적 의심), 부카니스탄(북한+stān : 인터넷상에서 북한을 부르는 속칭), 빌딩숲(building+숲 : 빌딩이 숲처럼 들어선 곳).

쌈마이(まい+마이(枚) : 주로 무대와 방송같은 극 형태에서 별볼 일 없는 3류 스타일), 언플(언론+play : 언론 플레이), 욕데레(욕설+デレ : 좋아하는 속내를 숨기려 욕설을 하는 사람), 유남생('You know what I'm saying.'을 빨리 발음한 것. 뜻은 '뭔 말인지 알 거야.'), 케바케(case by case : 경우에 따라 다름), 히트(hit : 세상에 내놓거나 발표한 것이 크게 인기를 얻음), 월급루팡(월급+Lupin : 회사에서 마땅히 하는 일 없이 월급만 받아가는 직원),

뇌피셜(뇌+official : 자기의 의견을 자기가 생각한 대로만 이야기한다는 뜻), 뉴트로(new+retro : 신세대와 구세대), 썸(something : 호감이 있는 대상과 교제하기 전에 주고받는 미묘한 감정), 네덕(naver+오덕후(オタク) : 정신적으로 성숙하지 못한 이), 막장 드라마(막장+drama : 비상식적 전개를 보이는 드라마), 메돼지(Megalia+돼지 : 여성을 혐오하는 말), 별풍셔틀(별풍선+shuttle : 유료 아이템 별풍선을 수십, 수천만원, 많으면 억 단위로 구매하여, BJ에게 선물하는 사람), 병림픽(병신+olympic : 서로가 뭔 짓을 하든 서로 이득도 변화도 되지 않고 오로지 시간 낭비에 불과한 행동),

덕통사고(오덕후(オタク)+교통사고 : 어느 순간 갑자기 어떤 분야의 팬이나 마니아가 되는 것), 데이터교('Dataism'을 말하는데, 인간이 데이터에 대한 맹목적인 믿음을 주는 것), 빵셔틀(빵+shuttle : 중·고등학교에서 힘센 학생들의 강요에 의해 빵이나 담배 등을 대신 사다 주는 행위나, 그 행위를 하는 사람), 키보드 배틀(keyboard+battle : 온라인상에서 상대방의 의견이나 생각을 존중하지 않은 채 서로를 자극하며 설전을 벌이는 현상), 팀킬(Team Kill : 멀티플레이어 게임에서 게임 상 같은 편 동료를 공격 또는 죽이는 것을 말),

패드립(family+drip : 엄마, 아빠, 할머니, 할아버지, 혹은 그 외 가족 친지를 농담의 소재로 삼아 사용하는 모욕), 덕후냄새(오타쿠(オタク)+냄새 : 오타쿠들이 풍기는 특유의 분위기를 기분 나쁜 냄새), 밸붕(balance+붕괴 : 정신이 나갔다), 버카충(bus card+충전), 베댓(best+댓글 : 아주 좋은 댓글), 베이글녀(baby face+glamour+녀 : 베이비 페이스에 글래머 몸매를 가진 여성), 벨튀(bell+튀다 : 초인종을 누르고 사람이 나오기 전에 어디론가 도망치거나 숨는

장난), 밀보드(military+billboard : 군대에서 사랑받는 노래 차트),
멘탈갑(mental+갑 : 정신이 튼튼하여 큰 고난을 겪고도 잘 흔들리지도 않는 사람이나 존재), 유리멘탈(유리+mental : 유리처럼 깨지기 쉬운 정신), 두부멘탈(두부+mental : 두부처럼 부서지기 쉬운 정신), 멘탈붕괴(mental+붕괴 : 키배 등에서 멘탈을 다 소모하여 정신줄을 놓고 헛소리를 늘어놓는 현상을 일컫기도 하고, 야구 관련해서 투수가 연속 볼질을 하는 것),
세라비(C'est la vie : 불어로 '이것이 인생이다.'), 셀카(self camera : 자기가 찍는 카메라), 모태솔로(모태+solo : 어머니 뱃속에서부터 시작되었고 태어나서부터 지금까지 한 번도 이성간의 교제를 하지 않은 채 사는 사람), 개펀리펀(개+fun+re+fun : '매우 재밌고, 두 배로 재밌다.'는 뜻), 솔로천국(solo+천국 : 혼자 살면 천국), 커플지옥(couple+지옥 : 같이 살면 지옥), 암드립(암+drip : 짜증나거나 스트레스 받은 상황을 표현하는 드립),
런동님(run+감독님 : 크게 부진하고 있는 팀을 버리고 도망가듯 다른 팀으로 가는 감독), 리즈시절(Leeds+시절 : 외모, 인기, 실력 따위가 절정에 올라 가장 좋은 시기), 메가데레(mega+츤데레(tsundere) : 순애 혹은 일편단심, 화내거나 적대하거나 하는 일 없이 무한한 사랑의 감정만을 가지고 적극적으로 접근하는 사랑), 강남스타일(강남+style : 노래 제목), 킹정(king+인정 : 왕만큼 인정한다),
그린 라이트(green light : 어떤 일을 하도록 허락하는 것), 기모띠(きもち : 일본어로 기분이라는 기모찌에서 온 말), 네티즌(network+citizen : 정보 통신망이 제공하는 새로운 공간에서 활동하는 사람), 어퍼웨어(upper wear : 재택근무 옷차림으로 허리위만 차려 입음), 병크(병맛/병신짓+크리티컬 : 직격타나 치명타를 의미하므로, 최고의 병맛 상황, 행동 등),
통구이드립(통+구이+drip : 통째로 불에 구운 돼지고기 닭고기 오리고기), 풀발기(full+발기 : 아주 화난 상태), 가오리방쯔(高麗棒子(Gāolí bàngzi) : 중국인이 조선족을 비하하여 부르는 말), 각도드립(각도+drip : 투구 시 팔각도를 세워서 던지는 것), 갓플란트(god+implant : 시위하는 노인분들), 개티즌(개+netizen : 개같은 네티즌, 찐따(ちんば(跛)) : 어원은 절름발이, 짝짝이를 뜻하는 일본어인 붕가붕가('붕가붕가 파티'(bunga bunga party))로 불리는 난잡한 섹스 파티에서 유래),
그루밍족( grooming+족 : 패션과 미용에 아낌없이 투자하는 남자들), 등골 브레이커(등골+breaker : 부모의 등골을 휘게 할 만큼 비싼 상품을 일컫는 말),

레게노(legeno : 'legend'의 'd'을 'o'로 봐 잘못 읽은 것으로 레전드, 즉 전설 등을 의미), 홀리 과카몰리(Holy guacamole : 감탄사로 '세상에나~'의 뜻), 에바(ever : 'over'의 다른 말, '오류, 이상하다'의 뜻), 사이다(cider : 답답한 상황에서 통쾌하고 시원하게 전개 되는 것 또는 그러한 사람을 가리키는 말),
따봉(Tá bon : 포르투갈어로 '아주 좋음'), 교토빠(きょうと(京都)+빠 : 교토애니메이션의 빠를 일컫는 말), 서브병(서브(serve)+병 : 드라마와 영화 등에서, 주연 배우보다 서브 배우에게 더 호감이 가는 현상), 노답(no+답 : 답이 없다), 헬게이트(hell+gate : 힘든 상황을 이를 때 쓰이고 있는데, 원래는 기상에서는 태풍으로 인해 일정지역이 피해를 보는 것을 일컬었던 표현),
국룰(국제+rule : 특정 행위가 상세하게 명시되어 있지 않지만 굳이 언급하지 않아도 암묵적으로 동의하고 지키는 것, 혹은 유행인 것), 글리젠(글+regen : 게임에서 몬스터가 사망한 뒤 일정한 시간이 지나면 다시 나타나는 현상을 일컫는 말), 네임드(Named : 이름 붙여진 몬스터), 네타(ネタバレ : 까발리기), 넷카마(net+おかま : 모바일에서 여성을 사칭하며 활동하는 남성을 뜻),
디지털 노마드 (digital nomade : 첨단 디지털 장비를 갖추고 여러 나라를 다니며 일하는 사람 또는 그런 무리), 핑프(finger prince/finger princess : 쉽게 찾을 수 있는 정보를 스스로 찾지 않고, 남들에게 하나하나 물어보는 남자나 여자), 헬 파티(Hell party : 게임상에서 경험하게 되는 지옥 같은 파티), 마요라(マヨラー : 일본에서 마요네즈를 좋아하는 사람들), 매너손(manner+손 : 여자를 배려해 신체 접촉을 최소화하려는 남자의 노력을 이르는 말),
모에화(萌え化 : '모에화' 혹은 '모에 의인화(萌え擬人化)'란 기존 모에 요소가 부각되지 않거나, 아예 없는 요소들을 모에 그림화하는 것을 말함), 원마일웨어(one mile wear : 자택에서 1마일권 내에서 착용되는 의복), 고스팅(ghosting : 잠수 이별, 연락 두절 등), 아라(eye line : 아이 라인), 디폴트 여성(default+여성 : 대상화를 배제한 '여성 본연(default)의 모습'을 뜻하는 페미니즘 말),
딥페이크(Deepfakes : 인공지능(AI) 기술을 활용해 특정 인물의 얼굴, 신체 등을 원하는 영상에 합성한 편집물), 매스티지(mass(대중)+prestige product(명품) : 'Masstige'는 명품의 대중화 현상을 말하는 것으로 중산층의 소득이 향상되면서 값이 비교적 저렴하면서도 만족감을 얻을 수 있는 명품을 소비하는 경향), 맨스플레인(man(남성)+explain(설명하다) : 'Mansplain' 남자가 여자에게 권위적인 태도로, 아랫사람을 훈계하듯이 설명해 주는 것을 뜻함),

미러링(Mirroring : 컴퓨터 그래픽에서 어떤 도형의 거울에 비친 이미지를 표시하기 위하여 조작하는 일), 뷔페미니즘(뷔페(buffet)+페미니즘(feminism) : '여성들이 페미니즘을 이용해 자신의 이익만을 추구하고 능력에 요구되는 직업이나 상황을 회피하려 한다'는 뜻), 스펙인간(spec+인간 : 학벌이나 경력은 괜찮은데, 정작 그 사람 자체가 취업, 사회생활에 있어서 못 미덥거나 보여주는 자질이 많이 부족한 사람),

알파걸(Alpha Girl : 학업, 운동, 리더십 모든 면에 있어서 남성을 능가하는 높은 성취욕과 자신감을 가진 여성), 애그플레이션(agriculture+inflation : 곡물 가격 상승으로 인한 물가 상승), 여자력(女子力(じょしりょく) : 반짝반짝 빛나는 삶을 사는 여성이 가진 힘), 영페미(young+fem-inist : '젊은 페미니스트'를 가리키는 말), 영포티(young forty : 젊게 살고 싶어 하는 40대로 1972년을 전후해 태어나 새로운 중년의 삶을 살아가는 세대),

예스마스크(yes+mask : 마스크를 쓰지 않아도 되는데, 여전히 마스크를 쓰는 사람), 오렌지족(orange : 부모의 부를 바탕으로 서울 강남 일대에서 퇴폐적인 소비문화를 즐기는 젊은이들), 오메가남자(omega+남자 : 섬세하고 다정한 특징을 지녀 상대를 지지해줄 수 있는 남성), 알파녀(Alpha+녀 : 능력이 있고, 자신에 대한 확신이 있으며, 적극적이며 자신이 무엇을 성취하고자 하는지 아는 여자), 워라벨(work and life balance : 일과 삶의 균형을 뜻함),

유니콘남자(Unicorn+남자 : 고학력, 고수입, 상류층 등의 조건을 충족하는 남성), 유틸성(Utile+성(性) : 유용성), 인도어파(Indoor+파 : 집안이나 실내에서 휴식을 취하는 것을 좋아하는 성향), 아웃도어파(outdoor+파 : 집밖이나 실외에서 휴식을 취하는 것을 좋아하는 성향), 인싸(insider : 각종 행사나 모임에 적극적으로 참여하면서 사람들과 잘 어울려 지내는 사람을 이르는 말), 졸혼(졸업한+결혼 : '결혼을 졸업한다'는 뜻으로 이혼하지 않고 각자의 삶을 사는 것),

탕핑(탕핑(躺平)+족(族) : 바닥에 누워 아무것도 하지 않는 중국 청년들을 일컫는 말), 패논패(Pass or None pass : 학점이 pass나 fail로 뜨는 것), 편리미엄(편리+프리미엄 : '편리함이 프리미엄'이란 뜻), 헬피엔딩(헬조선+해피 엔딩 : '대한민국 사회에서 무슨 일이 생기면 좋게 끝나는 경우가 없다.'는 의미를 담고 있는 자학 섞인 조롱), 후크송(hook+song : 청자를 사로잡는 짤막한 음악 구절).

## 3. 맺는 말

　유행어는 그 언중들의 그 시대의 사회적, 문화적, 심리적 환경과 밀접한 관련을 맺고 있는 낱말이나 구·절·문장들이다. 선정적이고 폭력적인 영상매체에 쉽게 접할 수 있는 사회적 환경에서 이런 말들은 서로의 갈등을 낳고, 나아가 그들 각자의 사회성을 해칠 수 있다. 또한 언어가 가지는 사회성이 오히려 언중들의 반사회성을 가져올 수 있다.

　그렇다고 자유로운 언어생활에서 인위적으로 이를 통제하고 교육할 수 있는 범위는 그리 넓지 않다, 다만 유행어의 순기능을 인정하는 범위에서 역기능의 위험성을 강조하여, 언중들이 스스로 남을 배려하고 자신을 존중하는 언어사용 태도를 가지도록 꾸준히 인도해야 할 것이다. 아울러 어린이나 젊은이들은 텔레비전 시청 및 온라인상에서의 언어활동에 관한 날카로운 안목을 길러, 방송언어와 통신언어를 무비판적으로 받아들이는 습관은 지양해야 할 것이다.

　유행어는 그 시대상을 반영하므로 그 시대의 정치·경제·문화의 변화를 잘 나타내고 있다. 그러나 유행어는 시간이 지나면, 흥미·재치·풍자 등의 영향력이 사라지면서, 언중들로부터 외면을 당한다.

　요즘 젊은이들은 주로 개그 콘서트나 웃음을 찾는 사람들의 개그 프로그램을 통하거나 인타넷 게임 등을 통해서 유행어를 많이 습득하는 것으로 보인다. 그러다 보니 일본 등의 인터넷에서 쓰이는 유행어가 그대로 우리나라에서도 유통되는 것도 많다.

　앞에서 살펴본 최근 유행어들의 특색을 정리해 보면 다음과 같다.

　첫째, 머릿글자말은 이전에 비하여, 많이 쓰이지 않는다. 이는 한정된 사람들 사이가 아니면,너무 축약된 형태라서 다른 사람들까지 이해하기에는 제약이 따르기 때문이다. 그러나 많이 쓰인 것들은 살아남아 일반화되기도 한다.

　둘째, 줄임말은 점점 쓰임이 많아지고 있다. 이는 낱말을 가위질해서 만드는 것이므로 어느 정도 그 낱말의 원형을 유추할 수 있기도 하고, 한 번쯤은 원형의 낱말이나 어구, 문장을 사용한 것이기 때문이다. 이런 형태는 대중매체에 나오는 사람들이나 정치인들처럼 많은 언중들에게 영향을 주는 사람들이 사용하는 경우가 많아 증가하고 있다.

셋째, 인터넷이나 컴퓨터 게임에서 쓰이는 말들이 아주 많다. 이는 외국에서도 같이 동시에 쓰는 경우가 많기 때문에 외국어가 그대로 도입되기도 한다. 그러나 특수한 계층에서 사용되기 때문에 그런 일을 하지 않는 이들은 이해하기 어렵다.

넷째, 성이나 연령의 차이에서 상대방을 비하하거나 놀리는 말들이 많이 쓰인다. 이는 컴퓨터가 일반화되어, 아무나 동영상 등을 접할수 있고, 성적인 일에 대한 사고가 자유롭게 변해가는 데도 원인이 있다. 노인들을 비하하는 말 같은 것은, 계층간의 위화감을 조성할 수도 있다.

다섯째, 짧은 구나 절, 문장에서 사회의 일이나 정치적인 일들을 풍자하거나 비유하는, 촌철살인의 뜻을 나타내는 경우가 많다. 이는 그것들이 구체적인 묘사나 비유보다 더욱 강한 표현이 될 수 있음을 보여준다.

여섯째, 외국어를 무분별하게 사용하는 경향이 있다. 앞에서도 언급한 것처럼 컴퓨터나 인터넷이 세계화·국제화되는 데에 근거를 두고 있지만, 얼마든지 우리말로 바꾸어 쓸 수 있으므로, 사회적·국가적으로도 노력을 기울일 필요가 있다.


[참고문헌]

김석득(1992), 우리말 형태론, 서울 : 탑출판사.
김정선(2011), "청소년 입말에 나타난 비속어·유행어·은어 사용 실태," <한국언어문학> 제77집, 대구 : 한국언어문학회.
김현태(2015), "유행어의 모방 및 실연 모방 -"으리" 열풍을 중심으로-,"

<연세 의료·과학기술과 법> 6권 1호, 서울 : 연세대학교 법학연구원.
　성낙수(2000), 개정 우리말 방언학, 서울 : 한국문화사.
　-----(2011), 국어와 국어학1·2, 서울 : 채륜.
　-----(2015), 국어와 국어학3, 서울 : 한국문화사.
　-----(2020), 국어와 국어학4, 서울"외솔회.
　오상언(2013), "외국어로서 한국어 유행어 교육에 대한 필요성 검증," <고황논문집> 제53집, 서울 : 경희대학교.
　이정복 외(2006), <인터넷 통신 언어와 청소년 언어문화>, 서울 : 한국문화사.
　장경희(2010), <청소년 언어 사용 실태 조사>, 서울 : 문화체육관광부.
　전은진·이삼형·김정선·김태경·이필영·장경희(2011), "문자 언어에 나타난 청소년 언어 실태 연구", 청람어문교육 Vol.43, pp.371~406
　최일남(2013), "우리 말과 유행어와 일본어 잔재," <예술논문집> 통권 제52호, 서울 : 대한민국예술원.

# 정부 보도자료의 로마자 사용 실태와 우리말 약칭 사용 제안

이건범·김명진(한글문화연대)

## 1. 「국어기본법」과 공문서의 표기 원칙

대한민국의 공용어(公用語, Official Language)는 한국어이고 공문서를 작성하는 글자는 한글이다. 이는 「국어기본법」 제3조와 제14조의 규정이다. 2005년에 제정된 「국어기본법」의 14조 1항 '공문서의 작성'에서는 "공공기관 등의 공문서는 어문규범에 맞추어 한글로 작성하여야 한다. 다만, 대통령령으로 정하는 경우에는 괄호 안에 한자 또는 다른 외국 글자를 쓸 수 있다."라고 규정하였다.

이 규정은 그동안 공문서에서 한자나 로마자 등을 한글과 혼용하던 글쓰기에서 심대한 변화를 가져오는 것이었다. 국민의 대부분이 읽을 수 있는 한글로 공문서를 작성하게 하고 한자나 로마자는 뜻과 정보의 보완 수준에서 한글 표기 뒤의 괄호 속에 적도록 하였으니, 글자 표기가 어려워서 공적 정보에 접근할 수 없는 제도적 장벽이 일단 사라진 셈이다. 그 이전만 해도 한자나 로마자로 적은 용어들이 한글 문장 안에 섞여 있어서, 이를 읽을 수 없는 경우에는 의미 이해에 어려움을 겪는 사람이 많았다. 각종 서식, 보도자료, 설명서, 고지서, 안내문 등이 그러하였다.

한글로만 적어도 오해할 소지가 없으므로 「국어기본법 시행령」에서는 괄호 속 병기의 경우도 제한적으로 허용하였다. 제11조(공문서 등의 작성과 한글 사용)에서는 법 제14조 제1항 단서에 따라 공문서 등을 작성할 때 괄호 안에 한자나 외국 글자를 쓸 수 있는 경우를 다음 두 가지로 정하였다. "1. 뜻을 정확하게 전달하기 위하여 필요한 경우. 2. 어렵거나 낯선 전문어 또는 신조어(新造語)를 사용하는 경우."

따라서 공문서에서 "大韓民國은 民主共和國이다."라고 국한문혼용으로 표기한다면 이는「국어기본법」제14조를 어기는 것이다. 그러므로, 한자는 한글 뒤 괄호 속에 병기하여 "대한민국(大韓民國)은 민주공화국(民主共和國)이다."라고 써야 하나, '대한민국, 민주공화국'과 같은 말이 시행령 11조에 정한 두 가지 경우, 즉 뜻을 정확하게 전달하기 어렵거나 전문어 또는 신조어라고 할 수는 없으므로 "대한민국은 민주공화국이다."라고 한글만으로 적는 것이「국어기본법」의 정신에 맞다.

「국어기본법」제14조 제1항은 글자 표기만이 아니라 용어와 문장 측면에서도 중요한 개정이 이루어졌다. 2016년에 개정되어 2017년 3월부터 시행된 공문서 작성 조항은 "공공기관 등은 공문서를 일반 국민이 알기 쉬운 용어와 문장으로 써야 하며, 어문규범에 맞추어 한글로 작성하여야 한다. 다만, 대통령령으로 정하는 경우에는 괄호 안에 한자 또는 다른 외국 글자를 쓸 수 있다."라고 보완되었다. '일반 국민이 알기 쉬운 용어와 문장'이라는 '언어 기준'을 제시한 것이다. 그리고 이 조항은 2021년 6월에 공문서의 범위를 넓혀서 '공문서 등'으로 개정되었다. 그렇지만 한글전용 규정에는 아무런 변화가 없었다.

「국어기본법」의 공문서 한글 표기 규정은 1948년에 제정된「한글전용에 관한 법률」을 승계한 것이지만, 그 내용은 과거에 비해 훨씬 강화되었다. 1948년만 해도 당시의 문자 생활 여건을 고려하여「한글전용에 관한 법률」은 "대한민국의 공용문서는 한글로 쓴다. 다만, 얼마 동안 필요한 때에는 한자를 병용할 수 있다."라고 하여, 짧고 모호한 내용만 담고 있었다. 여기서 '병용'이라 함은 혼용을 뜻하는지 병기를 뜻하는지 분명치 않았다. 따라서 공문서는 꽤 오랫동안 국한문혼용으로 작성되었다. 심지어 1968년에 박정희 대통령이 한글전용 정책을 세워 1970년부터는 행정문서의 한글전용을 시행키로 하고 1970년부터는 교과서도 한글전용으로 발행하게 하였으나, 그 뒤에도 공문서에서 국한문혼용의 관행은 사라지지 않았다. 그러다 1988년 한겨레신문이 한글전용을 처음으로 전면 시행하고 그 뒤로 10여 년에 걸쳐 마침내 1999년에 조선일보가 한글전용으로 바뀐 민간 주도의 문자혁명 이후에 공문서에서도 기본적인 한글전용의 꼴이 자리를 잡았다. 그런데 바로 그 시기가 세계화 정책에 따라 한국 사회에서 영어 단어와 로마자 표기가 증대하기 시작한 때였다. 한자 사용이 대폭 줄어든 대신 로마자 표기가 늘어난 것이다.

1995년부터 중등 한문 과목이 선택 과목으로 바뀌면서 한자를 배우는 수요가 많이 줄었고, 이에 따라 관공서에서 일하는 사람들도 한자를 잘 몰라 점차 한자 표기를 피하게 되었다. 그 뒤로 20여 년이 지난 지금, 정부 보도자료에서 독립적으로 사용되는 한자는 社, 全, 新, 道, 前, 市, 美, 故, 對, 內, 舊 등과 같은 관형사나 대명사처럼 사용되는 10여 개에 지나지 않는다.

「국어기본법」은 이런 문자 생활의 변혁기에 공문서 표기의 원칙을 세운 것이었다. 한글전용을 원칙으로 삼고 한자와 외국 글자는 그 뒤에 괄호 속에 병기하는 부분적 허용 규정을 둔 것이다. 이 또한 모든 경우에 허용하는 것이 아니라 시행령에서 정한 바와 같이 뜻을 정확하게 전달하는 데 필요한 경우나 전문어 또는 신조어의 경우로 제한하였다.

「국어기본법」의 제정 시기가 이미 사회적으로 한자 문화에서 벗어나 한글전용이 확립된 시점이었던지라 그동안 한글전용의 반대물이었던 한자의 처리 측면에서 이 원칙은 비교적 신속하고도 확실하게 적용되었다. 공문서의 국한문혼용을 주장하는 여러 시도가 있었지만 2016년에 헌법재판소에서 재판관 만장일치로 공문서의 한글전용 규정이 합헌임을 밝혔다.

문제는 한자가 아니라 외국 글자, 특히 영어 단어를 적는 데 쓰는 로마자 알파벳의 무분별한 도입과 남용이었다. 시중의 가게 점포에 붙인 간판에서만이 아니라 공문서 여기저기에 로마자가 쓰인 것이다. 게다가 가장 큰 문제는 정부 보도자료의 로마자 남용이 언론 보도를 통해 유통되고 노출되어 언론뿐만 아니라 국민들도 이를 공식적인 규범으로 삼게 된다는 점이다.「국어기본법」에는 처벌 규정이 없으므로 이를 통제할 수단도 마땅치 않다. 오로지 공공기관 종사자들의 자각과 시민의 감시가 개선을 이끌 방안이다.

## 2. 말의 경제성에 반비례하는 투명성

한글문화연대에서는 일반 국민이 이해하기 어려운 용어를 사용하였거나 한글 대신 외국 글자(또는 한자)를 본문에 사용한 공문서에 대해 '일반 국민이 알기 쉬운 용어'와 '한글'로 고쳐 쓸 것을 요청하고 있다.「국어기본법」에 근거를 두고 벌이는 일이다. 2012년부터 2018년까지는 해마다 중앙정부 18개 부의 석 달 치 보도자료 약 3,000건씩을 조사하였으며, 2019년에는 중앙정부 18개 부에서 나오는 모든 보도자료에 대해, 2020년부터는 중앙 45개(지금은 47개) 부·처·청·위원회에서 나오는 모든 보도자료와 17개 광역지자체에서 나오는 모든 보도자료를 조사하여 쉬운 우리말 용어와 한글로 사용할 것을 요청하고 있다.

그런데 어느 지자체의 공무원 한 분이 이와 같은 개선 요청 공문에 대해 좀 어처구니없는 해명을 한 적이 있다. 동물 전염병인 '아프리카 돼지열병'을 언급하면서 꼭 필요하다면 괄호 속에 'ASF'라고 병기하여 '아프리카 돼지열병(ASF)'라고 적어야 했으나, 본문에 로마자 약어인 'ASF'를 단독으로 사용한 사례였다. 그 공무원은 이에 대해 자신은 보도자료에 '아프리카 돼지열병'이라고 적었으나 최종적으로 보도자료를 발행하는 담당과에서 지면

사정 때문인지 'ASF'라고 고쳐서 내는 바람에 이런 지적을 받았으니, 자신의 책임은 아니라고 해명하였다. 「국어기본법」을 우습게 만드는 현실의 논리가 있다는 것이다.

관공서 현장에서 「국어기본법」에 대한 이해가 조금씩 넓어지고 있으나 현실에서 업무 문화를 관성적으로 지배하는 논리는 '경제성'일 것이다. '적은 투입으로 많은 산출을 내는 것'이 이 경제성의 핵심이다. 적은 돈을 써서 많은 성과를 내는 것, 적은 시간을 일해서 큰 성과를 내는 것이 흔히 생각할 수 있는 경제성이니, 언어 사용 면에서도 이 경제성의 원리는 비슷하게 관철된다. 적은 시간과 적은 지면, 적은 표현을 사용하여 많은 정보를 제공하는 것.

그 악명높은 '개조식 문장'에서 조사와 어미를 모두 떼어내고 쓰는 까닭은 되도록 지면에서 많은 글자를 사용하지 않고 빨리 기록하려는 의도가 가장 앞설 터이다. 특히 한국어는 서술어가 맨 마지막에 오기 때문에 자칫 한눈을 팔다가 문장의 주술 호응이 일그러지기 쉬우므로, 조사와 어미에 구애받지 않는 개조식 문장 서술은 주술 호응에 관한 고민이 적다. 물론 그만큼의 모호함을 감수해야 한다. 문장의 의미가 여러 가지로 해석될 위험이 크므로 의미의 투명성이 낮아지는 것이다. 이는 기록자에게도 마찬가지이다.

말의 경제성과 투명성은 마치 자석의 양극처럼 서로 밀당을 벌이는데, 그런 전형적인 사례가 로마자 약어와 우리말 용어 사이의 관계이다. '아프리카 돼지열병'을 'ASF'라고 로마자 세 글자로 적는 것은 몹시 경제적으로 느껴진다. 한글 8음절을 로마자 3글자로 줄였으니 보도자료 제목이나 기사 제목을 편집할 때도 훨씬 자유롭다. 하지만 그만큼 의미는 불투명하고 모호해진다. 2021년 한글문화연대에서 조사한 바에 따르면 이 용어를 이해하는 국민은 채 9%도 되지 않았다. 정부 보도자료에 나오는 로마자 약어 가운데 자주 나오는 용어 위주로 2021년에 조사한 결과에서 국민의 이해도가 낮은 순으로 상위 20개를 소개하면 <표1>과 같다.

<표1> 주요 로마자 약어에 대한 국민 이해도 조사 결과[1]

| 순위 | 로마자 약어 | 우리말 표현 | 이해도 |
|---|---|---|---|
| 1 | ODA | 공적개발원조 | 7.4% |
| 2 | SPV | 기업유동성지원기구 | 8.4% |
| 3 | ASF | 아프리카돼지열병 | 8.7% |
| 4 | GVC | 국제공급체계 | 9.7% |
| 5 | VC | 벤처투자사 | 10.4% |
| 6 | BIM | 건축정보모형 | 10.7% |
| 7 | WFP | 세계식량계획 | 10.9% |
| 8 | TLO | 기술이전전담조직 | 11.1% |
| 9 | BRT | 간선급행버스 | 11.4% |
| 10 | DTI | 총부채상환비율 | 12.3% |
| 11 | GIS | 지리정보시스템 | 12.9% |
| 12 | ESS | 에너지저장장치 | 13.7% |
| 13 | SOC | 사회기반시설 | 14.6% |
| 14 | LTV | 주택담보대출비율 | 16.1% |
| 15 | IR | 기업투자설명회 | 16.3% |
| 16 | ISO | 국제표준화기구 | 17.3% |
| 17 | GMP | 제조 및 품질관리기준 | 19.0% |
| 18 | IAEA | 국제원자력기구 | 19.4% |
| 19 | PM | 개인형이동장치 | 19.4% |
| 20 | SOFA | 한미주둔군지위협정 | 20.6% |

경제성과 투명성이 반비례한다는 이 원리에서 우리는 다음과 같은 또 다른 명제를 끌어낼 수 있다. 경제성이 높고 투명성이 낮은 문장은 그 문장의 용도가 개인의 사적인 기록일 때에는 이익이 크지만, 그 문장이 공적인 용도로서 불특정 다수의 대중을 상대로 사용된다면 손실이 훨씬 크다. 투명성이 낮아 모호성이 높은 문장은 그것이 아무리 짧고 간결하더라도 여러 가지 의문을 낳게 되므로 오해와 억측에 따른 시간 소모가 많다. 게다가 그

---

[1] '공공언어 속 외국어의 국민 이해도와 수용도 조사'(한글문화연대, 2021년 9월, 조사기관 : 티앤오코리아) 결과.

영역이 행정 쪽이라면 행정 담당자 1명에 민원인은 셀 수 없이 많은 '1:다' 관계이므로, 행정 주체의 시간 소모는 경제성이라는 명분을 바닥까지 떨어뜨리고도 남는다.

따라서 공공 문장이라면 모호성을 최소화하고 반대로 투명성을 최대화하는 선에서 경제성을 추구해야 할 것이다. 이런 점에서 투명성이 매우 낮은 로마자 약어에 대해서는 특단의 대책이 필요하다. 로마자 약어는 영어 단어의 머리글자만을 따서 합쳐진 말이므로 어떠한 해석의 실마리도 제공하지 않는다. 예를 들어 일반 국민은 'CPR'와 '심폐소생술'을 연결하기가 불가능하므로 그것을 뒤흔들어 'PCR'라고 한들 아무런 차이가 없는 것이다. '자동심장충격기'를 뜻하는 로마자 약어 'AED'만 해도 이 로마자에서 단 하나의 어원 정보조차 끄집어낼 수 없지만, 우리말 지칭인 자동심장충격기를 줄여 '자동심충기', 또는 '자심기', '심충기'로 줄인다면 옆 사람에게 물어서든 어떻게 해서든 그것이 '자동심장충격기'의 줄임말이라는 어원 정보를 얻기가 수월하다.

대체로 정부 보도자료에서든 언론 보도에서든 처음에는 줄이지 않은 우리말 용어가 먼저 소개된다. 그리고는 계속 이 용어와 로마자 약어를 연결하고, 그렇게 몇 차례 표현하거나 보도되고 나면 우리말 전체 이름 대신 로마자 약어를 그대로 사용하는 방식으로 바뀐다. 따라서 이미 로마자 약어만 사용하여 보도하거나 정책을 설명하는 경우라면 문장의 투명성은 극히 낮아질 수밖에 없다. 그럼에도 우리나라 정부의 보도자료에서는 다양한 방식으로 로마자 약어가 사용되고 있다.

## 3. 공문서에 나타나는 로마자 표기의 유형

「국어기본법」에 따르자면 공문서는 한글로 작성하여야 하나, 로마자로 대표되는 외국 글자를 사용하는 경우가 많다. 정부 보도자료에서 한글전용을 위반한다고 함은 한자나 외국 글자를 해당 단어의 뒤 괄호 속에 병기하지 않고 한자나 외국 글자만 본문에 그대로 적었을 경우이다. 예를 들어 'TF를 구성하여'라고 썼다면 한글전용 위반이고, '티에프(TF)를 구성하여'라고 쓰면 한글전용 위반은 피하는 것이다. 그렇지만 이는 음차 표기에 지나지 않으므로 '전담조직을 구성하여', 또는 '전담조직(TF)을 구성하여'로 쓰는 것이 가장 바람직하다.

대표적인 공문서라고 할 수 있는 정부 보도자료에서 최근 나타나는 한글전용 위반은 대개 로마자를 독립적으로 본문에 그대로 내세우는 경우인데, 크게 여섯 가지로 나눌 수 있다. 국제 도량형 약어인 mm, cm, m, km, g, kg, t, ml, l 등과 화학 원소 등의 로마자는 「국어기본법」 위반에서 제외하였다.

　　1유형. 'R&D, TF'처럼 용어를 구성하는 단어의 머리글자 약어를 사용하는 경우이다.
　　2유형. 'kick off' 등 외국어 낱말을 로마자 그대로 한글과 섞어 쓰는 경우이다.
　　3유형. 'WHO, IPEF'처럼 국내외 기구 및 단체, 협정, 공공기관, 행사 등의 이름 약어를 쓰는 경우이다.
　　4유형. 'LG, SKT, SSG'처럼 국내외 민간 기업의 이름을 적는 경우이다.
　　5유형. 'A씨, B사' 등 무기명 지칭으로 쓰는 경우이다.
　　6유형. 그밖에 'K-드라마' 등 다양한 이유로 사용하는 경우이다.

1유형은 연구개발을 뜻하는 'R&D', 인공지능을 뜻하는 'AI' 등 여러 개의 단어로 이루어진 용어의 로마자 약어이다. 용어이기 때문에 정부 보도자료에서 가장 많이 사용되는 유형이다. 이 용어들에는 대체로 우리말 표현이 분명하게 있으므로 굳이 로마자를 괄호 속에 병기할 필요도 없는 말이 많다. 물론 그동안 로마자 표기로만 밝히던 것을 우리말로 고치기 위해 과도적으로 로마자를 병기할 수는 있을 것이다. 대표적인 용어로 ASF, ODA, IR, SOC, PM, BRT, GMP, MOU, IoT, OTT, TF, IP, AI(인공지능), R&D, SNS, ICT, IT, ESG, VR, AR, XR, UAM, AI(조류 인플루엔자), NFT, RPA, CPR 등을 꼽을 수 있다. 물론 우리말 번역어가 있지만 로마자 약어를 많이 사용하다 보니 이제는 우리말로 고치기 어려운 CCTV, QR, PCR 같은 용어도 많다.

2유형은 우리말로 번역할 수 있는 영어 단어를 로마자 철자 그대로 적는 경우이므로 한글전용 규정을 정면으로 어기는 행위라고 하겠다. 여기에는 kick off, one stop, one point, off the record, first mover, fast follower 등 일종의 유행어 성격의 말들이 많다.

3유형은 정부 보도자료에서 1유형 다음으로 많이 등장하고 가지 수도 많은 로마자 약어이다. 대체로 3개 이상의 외국어 단어로 이름을 붙인지라 로마자 머리글자만 따서 약칭을 사용하는 것이 관례처럼 되었다. 이 유형에 속하는 말 가운데 우리말로 번역하여 바꿀 수 있는 이름은 우리말로 바꾸어야 하고 그렇지 않으면 음차하여 한글로 적는 것이 국어기본법을 지키는 길이다.

WHO-세계보건기구, WTO-세계무역기구, OECD-경제협력개발기구 혹은 경협기구, UNICEF-국제아동기금, ILO-국제노동기구, IMF-국제통화기금 등처럼 우리말로 바꿀 수 있다. 우리말로 이름을 붙여 부르기 어렵거나 이미 너무 굳어버린 이름이라면 음차하여 한글로 적는 게 바람직할 것이다. UNESCO-유네스코(국제연합교육과학문화기구), UN-유엔(국제연합) 등이 대표적이다. 이 유형에 속하는 로마자 약어에 대해 우리말 표현도

줄여서 약칭으로 만드는 방안은 로마자 약어 사용을 획기적으로 줄일 수 있는 실용적인 길이 될 것이다. 'FED'를 간혹 '페드'라고 부르는 관료들이 있는데, '미국 연방준비제도이사회'를 뜻하는 이 로마자 약어 대신 '미 연준'이라는 우리말 약칭이 언론에서 널리 쓰이는 게 좋은 사례라고 하겠다.

기구나 기관 이름이 아니라 상표가 되어버린 상호 별명 약칭을 공문서에 그대로 적어주는 것은 바람직하지 않다. 예를 들어 'LH'의 법인명은 '한국토지주택공사'이고, 'KORAIL'은 '한국철도공사', 'K-WATER'는 '한국수자원공사', 'KBS'는 '한국방송공사'의 로마자 약어 상표인바, 공문서에서는 이 상표로 부르거나 적을 게 아니라 등기한 법인명을 사용하거나 적절한 줄임말을 써야 한다. 그럼에도 국내 공공기관들이 경쟁적으로 로마자 약어 이름을 홍보하는 바람에 정부 보도자료에서도 이를 그대로 받아 적고 있고, 언론에도 그렇게 퍼지고 있다. 국내 공공기관의 로마자 약어 명칭 사용에 대해서도 우리말 약어 명칭을 부여하거나 공유하는 방안을 모색해야 한다.

4유형은 민간 기업 등의 이름이므로 어떻게 처리해야 할지 혼란스러울 때가 많다. 민간 기업의 이름 표기를 그들의 표현과 다르게 해도 되는가 하는 망설임이 일기 때문이다. 2000년대에 들어서면서 국내의 많은 기업이 그동안 사용하던 한자어 이름을 로마자로 음차하여 적은 뒤 음절의 첫 글자 로마자를 따서 약칭을 만드는 게 하나의 유행이 되었기에 정부 보도자료에 출현하는 종류와 수도 적지 않다. 럭키금성이 LG로, 선경이 SK로, 동부그룹이 DB로, 신세계가 SSG로 이름을 바꿔 표기한 게 대표적이다. 그렇지만 국내에서 기업은 법인명을 한글로 등록하게 한 '상호 및 외국인의 성명 등의 등기에 관한 예규'(2007년 시행)에 따라 한글로 등록해야 하므로, 공문서에서는 이에 따라 등록한 이름 표기를 써야 한다. 꼭 필요하다면 괄호 속에 로마자를 병기할 수 있다. 예를 들어 과거의 한국통신은 이제 '케이티'로 등기가 되어 있으므로 케이티(KT)로 적어야 한다. 에스비에스(SBS), 에스케이텔레콤(SK Telecom), 엘지(LG) 등도 마찬가지이다. 외국

회사에 대해서도 애플, 구글, 아마존 등을 한글로 적고 있으므로 이런 원칙을 기준으로 삼는 게 문제가 될 일은 아니다. 특히 은행들이 많이 사용하는 KB, NH, KEB 등의 약어 상표는 법인명도 아니고 마케팅용 기호일 뿐이므로 공문서에서 이를 그대로 사용할 이유가 없다.

5유형은 'A, B, C' 등의 로마자를 무기명 지칭으로 사용하는 경우인데, 최근에는 이를 '가, 나, 다' 또는 'ㄱ, ㄴ, ㄷ'으로 쓰기도 함을 알고 넘어가자. 우리말 속에 외국말이나 외국 글자가 섞이게 되면 확실히 튀는 느낌이 있어서 변별이 필요할 때는 이렇게 사용하기 쉽다.

6유형은 앞서 분류한 다섯 가지 외의 나머지 로마자 표기이다. 한국을 뜻하는 'K-' 무리, 전자와 관계있는 'E-' 무리, 비타민 종류, 자동차와 무기 등의 이름을 뜻하는 로마자 기호가 대표적이다.

2022년 1~6월에 정부(47개 중앙행정기관, 17개 광역자치단체) 보도자료에서 사용한 로마자 표기를 모두 분석해 본다면 앞의 유형별 분포는 <표 2>와 같다.

<표2> 2022년 상반기(1월~6월) 보도자료 로마자 표기 유형별 분포

| 유형 | 대표 단어 | 단어 수 | 출현 횟수 | 출현 비율 |
|---|---|---|---|---|
| 1유형 | AI | 860 | 10,167 | 51.1% |
| 2유형 | kick off | 475 | 1,341 | 6.7% |
| 3유형 | WHO | 414 | 4,402 | 22.1% |
| 4유형 | SK | 364 | 2,020 | 10.2% |
| 5유형 | A | 90 | 1,116 | 5.6% |
| 6유형 | K- | 57 | 846 | 4.3% |
| 합계 | | 2,260 | 19,892 | 100% |

1유형이 용어의 수량 면에서나 출현 횟수 면에서나 가장 비중이 높고,

그다음이 국제기구 등의 약칭인 3유형이다. 그렇지만 이는 중앙행정기관과 광역자치단체의 보도자료를 통합하여 집계한 결과이고, 아래의 표에서 보듯이, 아무래도 국제 사안을 많이 다루는 중앙행정기관만의 로마자 표기 양상을 보면 3유형의 사용 횟수가 매우 높다. 중앙행정기관이 2022년 상반기에 사용한 로마자 표기에서 상위 100개의 단어가 차지하는 비율은 전체의 68.3%이다. 이 상위 100개의 로마자 표기 가운데 1유형의 사용 비율은 46.7%이며 3유형의 비율은 38.8%이다. 두 곳에서 모두 로마자 사용을 줄일 실질적 방안을 모색해야 전반적으로 로마자 사용이 의미 있게 줄어들 것이다.

<표3> 중앙행정기관 보도자료의 로마자 표기 유형별 분포-상위 100개
(2022년 2022년 상반기)

| 유형 | 대표 단어 | 단어 수 | 출현 횟수 | 출현 비율 |
|---|---|---|---|---|
| 1유형 | AI | 49 | 2,915 | 46.7% |
| 2유형 | kick off | 3 | 83 | 1.3% |
| 3유형 | WHO | 34 | 2,421 | 38.8% |
| 4유형 | SK | 8 | 397 | 6.4% |
| 5유형 | A | 4 | 264 | 4.2% |
| 6유형 | K- | 2 | 162 | 2.6% |
| 합계 | | 100 | 6,242 | 100% |

<표4> 중앙행정기관 보도자료에서 사용한 로마자 용어 상위 100개
(2022년 2022년 상반기)

| 번호 | 로마자 용어 | 표기 횟수 | 유형 | 번호 | 로마자 용어 | 표기 횟수 | 유형 |
|---|---|---|---|---|---|---|---|
| 1 | FTA | 427 | 3 | 51 | KBS | 31 | 3 |
| 2 | TF | 394 | 1 | 52 | OTT | 31 | 1 |
| 3 | R&D | 327 | 1 | 53 | 3D프린팅 | 30 | 2 |
| 4 | EU | 302 | 3 | 54 | P2P | 30 | 1 |

| | | | | | | | |
|---|---|---|---|---|---|---|---|
| 5 | AI | 179 | 1 | 55 | APEC | 28 | 3 |
| 6 | IPEF | 170 | 3 | 56 | CCUS | 28 | 1 |
| 7 | ESG | 167 | 1 | 57 | CJ | 28 | 4 |
| 8 | OECD | 155 | 3 | 58 | FATF | 28 | 3 |
| 9 | SK | 153 | 4 | 59 | 메가 FTA | 28 | 2 |
| 10 | WTO | 147 | 3 | 60 | IBK | 27 | 4 |
| 11 | CPTPP | 136 | 3 | 61 | PM | 27 | 1 |
| 12 | K | 122 | 6 | 62 | EBS | 26 | 3 |
| 13 | ODA | 120 | 1 | 63 | GDP | 26 | 1 |
| 14 | A | 106 | 5 | 64 | IMF | 26 | 3 |
| 15 | IT | 106 | 1 | 65 | OIE | 26 | 3 |
| 16 | RCEP | 106 | 3 | 66 | ZEB | 26 | 1 |
| 17 | UAE | 103 | 3 | 67 | GGGI | 25 | 3 |
| 18 | WHO | 103 | 3 | 68 | QR코드 | 25 | 2 |
| 19 | TV | 90 | 1 | 69 | CVC | 24 | 1 |
| 20 | ICT | 89 | 1 | 70 | KTX | 24 | 1 |
| 21 | PCR | 89 | 1 | 71 | USTR | 24 | 3 |
| 22 | LG | 87 | 4 | 72 | IoT | 23 | 1 |
| 23 | UN | 80 | 3 | 73 | ITU | 23 | 3 |
| 24 | SNS | 78 | 1 | 74 | MZ | 23 | 1 |
| 25 | LH | 75 | 3 | 75 | UHD | 23 | 1 |
| 26 | A씨 | 73 | 5 | 76 | D.C | 22 | 1 |
| 27 | MOU | 72 | 1 | 77 | DB | 22 | 1 |
| 28 | LNG | 68 | 1 | 78 | MC-12 | 22 | 3 |
| 29 | B | 64 | 5 | 79 | C | 21 | 5 |
| 30 | SW | 62 | 1 | 80 | ICAO | 21 | 3 |
| 31 | 5G | 60 | 1 | 81 | IP | 21 | 1 |
| 32 | G20 | 55 | 3 | 82 | MBC | 21 | 4 |
| 33 | GMP | 53 | 1 | 83 | SMR | 21 | 1 |
| 34 | KOTRA | 51 | 3 | 84 | SOFA | 21 | 3 |
| 35 | LPG | 48 | 1 | 85 | BIE | 20 | 3 |
| 36 | CEO | 47 | 1 | 86 | GTX | 20 | 1 |
| 37 | ASF | 46 | 1 | 87 | IEA | 20 | 3 |

| 38 | NATO | 46 | 3 | 88 | SKT | 20 | 4 |
|---|---|---|---|---|---|---|---|
| 39 | KT | 44 | 4 | 89 | BIM | 19 | 1 |
| 40 | DNA | 43 | 1 | 90 | IAEA | 19 | 3 |
| 41 | e | 40 | 6 | 91 | CEPA | 18 | 3 |
| 42 | SFTS | 40 | 1 | 92 | EDCF | 18 | 3 |
| 43 | CCTV | 35 | 1 | 93 | PD | 18 | 1 |
| 44 | GCC | 35 | 3 | 94 | RPA | 18 | 1 |
| 45 | PC | 35 | 1 | 95 | CP | 17 | 1 |
| 46 | RE100 | 35 | 1 | 96 | FOMC | 17 | 3 |
| 47 | 3D | 34 | 1 | 97 | GCF | 17 | 3 |
| 48 | ESS | 34 | 1 | 98 | GPS | 17 | 1 |
| 49 | M&A | 34 | 1 | 99 | HDC | 17 | 4 |
| 50 | QbD | 33 | 1 | 100 | IFRS | 17 | 1 |

## 4. 정부 보도자료의 로마자 표기 실태

 이제 중앙행정기관과 광역자치단체의 보도자료에서 로마자 표기가 얼마나 사용되고 있는지 좀 더 긴 시간 동안의 변화를 살펴보겠다. 로마자 표기의 유형별 분류는 2022년 상반기 6개월치 조사 자료를 활용하였는데, 여기서는 2021년 1년치와 2022년 상반기, 즉 모두 1년 6개월, 6개 분기의 경과를 살펴본다.

### 1) 중앙정부 47개 부·처·청·위원회

 중앙행정기관인 47개 부·처·청·위원회에서는 달마다 평균 1,500건의 보도자료를 낸다. 1분기에 평균 4,500개의 보도자료를 내놓는 셈이다. 이 보도자료 가운데 일반 국민이 알기 어려운 용어인 외국어 어휘를 한글로 음차하여 사용한 경우와 로마자 표기를 사용한 경우, 즉 「국어기본법」 제14

조 공문서 작성 원칙을 어긴 경우를 '외국어 남용 보도자료'라고 불러보자. 여기에는 로마자로 표기한 경우와 외국어 표현(어휘)을 한글로 음차 표기한 경우가 모두 포함된다.

<표5> 중앙행정기관 보도자료의 외국어 남용 추이

| 구분 | 보도자료 배포 건수 | 외국어 남용 보도자료 수 | 외국어 남용 비율 | 표기 남용 지수 | 표현 남용 지수 |
|---|---|---|---|---|---|
| 2021년 1분기 | 4,600 | 2,511 | 54.6% | 6.35 | 7.29 |
| 2분기 | 5,353 | 2,667 | 49.8% | 5.24 | 5.47 |
| 3분기 | 5,003 | 2,484 | 49.7% | 5.35 | 5.66 |
| 4분기 | 6,211 | 3,185 | 51.3% | 6.12 | 5.97 |
| 2022년 1분기 | 4,340 | 2,051 | 47.3% | 5.14 | 5.68 |
| 2분기 | 4,299 | 1,929 | 44.9% | 4.65 | 5.69 |

<표5>에서 살펴보면 중앙행정기관은 2021년 1분기에 외국어를 남용한 보도자료의 비율은 54.6%였는데, 2022년 2분기에 가면 그 비율은 44.9%로 떨어졌다. 표기 남용 지수는 6.35에서 4.65으로, 표현 남용 지수는 7.29에서 5.69로 떨어졌다. 이 남용 지수는 본문 1,000어절에 로마자 표기를 몇 단어나 사용했는지(표기 남용 지수), 외국어 표현을 몇 단어나 사용했는지(표현 남용 지수) 환산한 값이다.

2) 17개 광역자치단체

17개 광역자치단체에서는 달마다 평균 2,500개의 보도자료를 낸다. 1분기에 평균 7,500개의 보도자료를 내놓는 셈이다.

<표6> 17개 광역자치단체 보도자료의 외국어 남용 추이

| 구분 | | 보도자료 배포 건수 | 외국어 남용 보도자료 수 | 외국어 남용 비율 | 표기 남용 지수 | 표현 남용 지수 |
|---|---|---|---|---|---|---|
| 2021년 | 1분기 | 7,648 | 4,499 | 58.5% | 4.51 | 9.17 |
| | 2분기 | 8,298 | 4,999 | 60.2% | 5.37 | 9.13 |
| | 3분기 | 7,260 | 4,195 | 57.8% | 5.33 | 8.73 |
| | 4분기 | 8,158 | 4,981 | 61.0% | 5.67 | 10.22 |
| 2022년 | 1분기 | 6,973 | 3,794 | 54.4% | 4.07 | 7.95 |
| | 2분기 | 7,022 | 3,824 | 54.5% | 3.48 | 9.07 |

<표6>에서 살펴보면 광역자치단체는 2021년 1분기에 외국어를 남용한 보도자료의 비율이 58.5%였는데, 2022년 2분기에 가면 54.5%로 떨어졌다. 표기 남용 지수는 4.51에서 3.48로 떨어졌지만, 표현 남용 지수는 9.17에서 9.07로 유지되고 있다.

### 3) 로마자 표기 남용의 변동 사정

중앙행정기관과 광역자치단체의 보도자료에서 1년 6개월 동안 외국어 표현과 로마자 표기가 어떻게 변했는지 집계한 앞의 두 표에서 알 수 있듯이 2021년에 비해 2022년에는 로마자 표기가 의미 있게 줄었다. 물론 이 추세는 시기마다 오르내림을 반복하겠지만, 줄어드는 추세만큼은 장기적으로 유지될 것으로 예측된다.

그런데 이는 자연스러운 감소 현상이 결코 아니다. 2021년까지는 로마자를 함부로 써서「국어기본법」을 위반한 보도자료 작성자에게 그 사실을 안내하고 한글로 쓸 것을 요청하는 일반적인 공문을 보냈다면, 2022년부터는 훨씬 강화된 형태의 시민 감시를 시행한 덕이다. 주로 1유형에 속하는 용어 30여 개에 대해 집중적으로 관리하면서 이미 발행한 보도자료일지라도 누리집 게시물에서 한글로 수정할 것을 요구하고, 다음부터는 그렇게 사용하지 말 것에 대해 일종의 다짐을 받는 시민 감시를 한글문화연대에서 꾸준히 펼쳐왔다. 2022년에 들어서 보인 로마자 표기의 감소는 바로 이 '집중 개선 대상 용어'의 사용이 줄어든 결과의 반영이다. 실제로 비교해보면 2021년 상반기에 이 30여 개 집중 개선 대상 용어의 총출현 횟수는 8,620회였는데, 2022년도 상반기에는 5,430회로 대폭 줄었다.

이와 같은 시민 감시의 활성화는 다수 공무원에 대한 「국어기본법」 교육 효과를 동반하면서 실질적인 개선으로 이어질 수 있다. 이 경우에 해당 공무원이 한글문화연대의 개선 요청을 받아들인 까닭 가운데에는 자신이 사용한 로마자 표기를 대신할 우리말 표현이 명확하고 공감할 만하였다는 점이 있다. 'AI'라고 하면 인공지능을 가리킬 때도, 조류 인플루엔자를 가리킬 때도 있으므로 이를 우리말로 투명하게 밝혀달라는 요구는 어떤 이유로든 거부하기 어렵다. 'R&D' 대신 '연구개발', 'SOC' 대신 '사회기반시설'과 같은 쉬운 우리말을 써서 국민의 알 권리를 보장해달라는 요청을 무시할 권위주의적 공무원은 이제 대한민국에서 찾아보기 힘들다.

물론 공무원들의 용어 선택과 표기 습관이 하루아침에 다 바뀌지는 않을 것이다. 하지만 시민들과 꾸준하게 교류하고 소통하면서, 정부의 교육과 홍보를 접하면서, 그리고 결정적으로 자신과 같은 공무원들의 변화를 보면서 이들의 공공언어 사용 태도는 바뀔 것이다. 다만, 외국어 표현이나 로마자 약어에 대신해서 쓸 우리말 표현이 마땅해야 설득과 공감이 수월할 터이다.

그동안 집중 개선 대상이 로마자 표기 유형 가운데 1유형에 속하는 것이었다면 이제 그 대상을 2유형과 3유형으로 넓혀가야 한다. 그런데 특히 사용 횟수도 많고 종류도 많은 3유형은 매우 긴 이름을 줄이고 압축한 로마자 약어가 대부분이므로, 그에 대한 대응물이 필요하다. 즉, 우리말로 된 약칭, 우리말 약어를 만들어 제시함으로써, '경제성'의 논리를 내세우면서 개선을 거부하는 공무원들을 설득해야 한다. 이 설득과 공감 작업은 공무원에게 한정되지 않고 언론계 기자들에게 더욱 절실한 과제일 것이다. 이에 주로 3유형에 해당하는 로마자 약어들, 즉 국제기구와 협정, 단체, 행사 등의 로마자 약어 가운데 어떤 것이 정부 보도자료에서 쓰이는지 살펴보겠다.

## 5. 로마자 약칭의 분야별 분류

2020년 1월부터 2022년 6월까지 2년 6개월 동안 정부 보도자료에서 국제기구 등의 로마자 약어, 즉 로마자 약칭을 뽑아내 분류하였더니 다음과 같이 8개 분야로 나눌 수 있었다. 국제기구(175개), 국제협정(40개), 미국 내 기관(21개), 미국 외 기관(1개), 전문가 조직(17개), 전시회와 박람회(14개), 행사(10건), 한국 공공기관(94개) 등이다.

이 로마자 약칭 표기는 우리말 이름 뒤에 병기된 것이 아니라 우리말 이름 없이 그냥 표기한 것으로, 그 자체로는 「국어기본법」을 어긴 경우이다. 물론 제목이나 본문 앞쪽에서 우리말 이름을 먼저 쓰고 로마자 약칭을 괄호 속에 병기한 뒤 그 다음에는 로마자 약칭만 표기한 경우도 있지만, 사용 횟수가 많은 말들은 대체로 이런 과정 없이 로마자 약칭만 표기한 경우가 대부분이다. 이들 로마자 약칭을 우리말 온칭 또는 우리말 약칭으로 바꿀 수 있다면 정부 공문서와 언론 보도에서 로마자 사용이 크게 줄어들 것이다. 지면 부족, 경제성 등의 현실 논리에 비추어 볼 때 적절한 우리말 약칭을 제안한다면 가장 효과가 높을 것이다. FED를 '미 연준'으로 줄여 부르는 것이 가장 모범적인 사례라 하겠다.

분야별 로마자 약칭의 사용 현황을 표로 보이면 다음과 같다.

## 1) 국제기구(175개)

| 번호 | 표기 | 사용횟수 | 원어 | 한국어 풀이 이름 |
|---|---|---|---|---|
| 1 | EU | 1,230 | European Union | 유럽연합 |
| 2 | OECD | 903 | Organisation for Economic Co-operation and Development | 경제협력개발기구 |
| 3 | UN | 704 | United Nations | 국제연합 |
| 4 | G20 | 607 | Group of Twenty | 주요 20개국 |
| 5 | WTO | 527 | World Trade Organization | 세계무역기구 |
| 6 | P4G | 503 | Partnering for Green Growth and the Global Goals 2030 | 녹색성장 및 글로벌 목표 2030을 위한 연대 |
| 7 | RCEP | 305 | Regional Comprehensive Economic Partnership | 역내 포괄적 경제 동반자 협정 |
| 8 | APEC | 267 | Asia-Pacific Economic Cooperation | 아시아태평양 경제협력체 |
| 9 | WHO | 243 | World Health Organization | 세계보건기구 |
| 10 | IMF | 208 | International Monetary Fund | 국제 통화 기금 |
| 11 | IAEA | 197 | International Atomic Energy Agency | 국제 원자력 기구 |
| 12 | IPEF | 180 | Indo-Pacific Economic Framework | 인도-태평양 경제 프레임워크 |
| 13 | FAO | 159 | Food and Agriculture Organization of the United Nations | 유엔식량농업기구 |
| 14 | OGP | 143 | Open GovernmentPartnership | 열린정부파트너십 |
| 15 | G7 | 139 | Group of Seven | 주요 7개국 |
| 16 | UCLG | 137 | United Cities and Local Governments | 세계지방정부연합 |
| 17 | GCF | 120 | Green Climate Fund | 녹색기후기금 |
| 18 | ADB | 107 | Asian Development Bank | 아시아 개발은행 |

| | | | | |
|---|---|---|---|---|
| 19 | EDCF | 105 | Economic Development Cooperation Fund | 대외경제협력기금 |
| 20 | IACC | 94 | International Anti-Corruption Conference | 국제반부패회의 |
| 21 | GCC | 92 | Gulf Cooperation Council | 걸프협력회의 |
| 22 | ILO | 90 | International Labour Organization | 국제노동기구 |
| 23 | IMO | 86 | International Maritime Organization | 국제 해사 기구 |
| 24 | ISO | 84 | International Organization for Standardization | 국제 표준화 기구 |
| 25 | BIE | 79 | Bureau International des Expositions | 국제박람회기구 |
| 26 | FATF | 73 | Financial Action Task Force | 자금세탁방지국제기구 |
| 27 | PKO | 72 | Peace Keeping Operations | 유엔평화유지군 |
| 28 | ASEAN | 70 | Association of Southeast Asian Nations | 동남아시아 국가 연합 |
| 29 | NATO | 70 | North Atlantic Treaty Organization | 북대서양조약기구 |
| 30 | UNDP | 62 | United Nations Development Programme | 유엔 개발 계획 |
| 31 | WFP | 58 | World Food Programme | 유엔세계식량계획 |
| 32 | OSCE | 56 | Organization for Security and Co-operation in Europe | 유럽안보협력기구 |
| 33 | ICH | 53 | International Council for Harmonisation | 국제의약품규제조화위원회 |
| 34 | GGGI | 51 | Global Green Growth Institute | 글로벌녹색성장기구 |
| 35 | IOC | 51 | International Olympic Committee | 국제 올림픽 위원회 |
| 36 | DAC | 50 | Development Assistance Committee | 개발원조위원회 |

| | | | | |
|---|---|---|---|---|
| 37 | SICA | 50 | Central American Integration System | 중미통합체제 |
| 38 | ICAO | 48 | International Civil Aviation Organization | 국제 민간 항공 기구 |
| 39 | ICC | 45 | International Criminal Court | 국제형사재판소 |
| 40 | FEALAC | 42 | Forum for East Asia-Latin America Cooperation | 동아시아-라틴아메리카 협력포럼 |
| 41 | IEA | 42 | International Energy Agency | 국제에너지기구 |
| 42 | WIPO | 42 | World Intellectual Property Organization | 세계 지식 재산권 기구 |
| 43 | IDB | 42 | Inter-American Development Bank | 미주개발은행 |
| 44 | EAS | 41 | East Asia Summit | 동아시아 정상회의 |
| 45 | AFoCO | 39 | Asian Forest Cooperation Organization | 아시아산림협력기구 |
| 46 | ITU | 38 | International Telecommunication Union | 국제전기통신연합 |
| 47 | USTR | 37 | United States Trade Representative | 미국 무역대표부 |
| 48 | AIIB | 36 | Asian Infrastructure Investment Bank | 아시아 기반시설 투자 은행 |
| 49 | IMDRF | 35 | International Medical Device Regulators Forum | 국제의료기기규제당국자포럼 |
| 50 | GAISF | 34 | Global Association of International Sports Federations | 국제 경기 연맹 총연합회 |
| 51 | IORA | 32 | Indian Ocean Rim Association | 환인도양연합 |
| 52 | NPT | 32 | Nuclear Non-Proliferation Treaty | 핵확산방지조약 |
| 53 | CIS | 31 | Commonwealth of Independent States | 독립국가연합 |

| | | | | |
|---|---|---|---|---|
| 54 | ISDS | 30 | Investor-State Dispute Settlement | 국가분쟁해결제도 |
| 55 | UNEP | 28 | United Nations Environment Program | 유엔 환경 계획 |
| 56 | IPCC | 27 | Intergovernmental Panel on Climate Change | 기후 변화에 관한 정부간 협의체 |
| 57 | ITLOS | 27 | International Tribunal for the Law of the Sea | 국제해양법법원 |
| 58 | FISU | 26 | International University Sports Federation | 국제 대학 스포츠 연맹 |
| 59 | OIE | 26 | World Organisation for Animal Health | 세계동물보건기구 |
| 60 | AMRO | 25 | ASEAN+3 Macroeconomic Research Office | 아세안+3 거시경제조사기구 |
| 61 | CABEI | 24 | Central American Bank for Economy Integration | 중미경제통합은행 |
| 62 | UNDRR | 24 | United Nations Office for Disaster Risk Reduction | 유엔 재해 위험 감소 사무국 |
| 63 | ARF | 23 | ASEAN Regional Forum | 아세안지역안보포럼 |
| 64 | IUCN | 23 | International Union for Conservation of Nature | 국제 자연 보전 연맹 |
| 65 | UNCTAD | 22 | United Nations Conference on Trade and Development | 유엔 무역 개발 회의 |
| 66 | UNESCAP | 22 | United Nations Economic and Social Commission for Asia and the Pacific | 아시아 태평양 경제 사회 위원회 |
| 67 | EC | 21 | European Commission | 유럽공동체 |
| 68 | WEF | 20 | World Economic Forum | 세계 경제 포럼 |
| 69 | ANOCA | 19 | Association of National Olympic Committees of Africa | 아프리카 국가 올림픽 위원회 연합 |
| 70 | JCPOA | 19 | Joint Comprehensive Plan of Action | 포괄적 공동행동계획 |

| | | | | |
|---|---|---|---|---|
| 71 | IHO | 17 | International Hydrographic Organization | 국제 수로 기구 |
| 72 | APPA | 16 | Asia Pacific Privacy Authorities | 아시아태평양 개인정보보호감독기구 협의체 |
| 73 | BIS | 16 | Bank for International Settlement | 국제결제은행 |
| 74 | IEC | 16 | International Electrotechnical Commission | 국제전기기술위원회 |
| 75 | IFC | 16 | International Finance Corporation | 국제 금융 공사 |
| 76 | OPEC | 16 | Organization of the Petroleum Exporting Countries | 석유 수출국 기구 |
| 77 | WBG | 16 | World Bank Group | 세계은행그룹 |
| 78 | CDM | 15 | Clean Development Mechanism | 청정 개발 체제 |
| 79 | UNCITRAL | 15 | United Nations Commission On International Trade Law | 유엔 국제 무역법 위원회 |
| 80 | UNICEF | 15 | United Nations International Children's Emergency Fund | 국제 연합 아동 기금 |
| 81 | UNIDO | 15 | United Nations Industrial Development Organization | 유엔산업개발기구 |
| 82 | CEPI | 14 | Coalition for Epidemic Preparedness Innovations | 전염병예방혁신연합 |
| 83 | AfDB | 13 | African Development Bank | 아프리카 개발은행 |
| 84 | FSB | 13 | Financial Stability Board | 금융안정위원회 |
| 85 | ISSB | 13 | International Sustainability Standards Board | 국제지속가능성기준위원회 |
| 86 | UNHCR | 13 | United Nations High Commissioner for Refugees | 유엔난민기구 |

| | | | | |
|---|---|---|---|---|
| 87 | USMCA | 13 | US-Mexico-Canada Agreement, | 북미자유무역협정 |
| 88 | WCO | 13 | World Customs Organization | 세계 관세 기구 |
| 89 | WCPEC | 13 | Western and Central Pacific Fisheries Commission | 중서부태평양수산위원회 |
| 90 | CTCN | 11 | Climate Technology Centre and Network | 유엔 기후기술센터·네트워크 |
| 91 | IEEE | 11 | Institute of Electrical and Electronics Engineers | 전기전자기술자협회 |
| 92 | ITC | 11 | International Trade Centre | 국제무역센터 |
| 93 | SAAB | 11 | South Asian Association for Regional Cooperation | 남아시아 지역 협력 연합 |
| 94 | UNESCO | 11 | United Nations Educational, Scientific and Cultural Organization | 유엔 교육 과학 문화 기구 |
| 95 | PIANC | 10 | World Association for Waterborne Transport Infrastructure | 세계 수상 수송 인프라 협회 |
| 96 | TCFD | 10 | Task force on Climate-related Financial Disclosures | 기후변화 재무정보공개 전담협의체 |
| 97 | APO | 9 | Asian Productivity Organizaiton | 아시아생산성기구 |
| 98 | APT | 9 | Asia Pacific Telecommunity | 아시아 태평양 전기통신 협의체 |
| 99 | GTC | 9 | Green Technology Center | 녹색기술센터 |
| 100 | ICRP | 9 | International Commission on Radiological Protection | 국제방사선방호위원회 |
| 101 | MDCG | 9 | European Commission's Medical Device Coordination Group | 유럽 의료기기조정그룹 |
| 102 | UNFPA | 9 | United Nations Population Fund | 유엔 인구 기금 |

| 103 | EFTA | 8 | European Free Trade Association | 유럽 자유 무역 연합 |
|---|---|---|---|---|
| 104 | EIPP | 8 | Economic Innovation Partnership Program | 경제혁신파트너십 프로그램 |
| 105 | IFAD | 8 | International Fund for Agricultural Development | 국제 농업 개발 기금 |
| 106 | ILC | 8 | International Law Commission | 국제법 위원회 |
| 107 | IMD | 8 | International Institute for Management Developmen | 국제경영개발원 |
| 108 | EAEU | 7 | Eurasian Economic Union | 유라시아 경제 연합 |
| 109 | ICJ | 7 | International Court of Justice | 국제사법재판소 |
| 110 | ICRC | 7 | International Committee of the Red Cross | 국제적십자위원회 |
| 111 | IPHE | 7 | International Partnership for Hydrogen and Fuel | 국제수소연료전지경제파트너십 |
| 112 | ISEF | 7 | Regeneron International Science and Engineering Fair | 국제과학기술경진대회 |
| 113 | UIA | 7 | Union of International Associations | 국제협회연합 |
| 114 | AUKUS | 6 | Australia, the United Kingdom, and the United States of America | 호주, 영국, 미국의 삼각 동맹 |
| 115 | CARICOM | 6 | Caribbean Community and Common Market | 카리브 공동시장 |
| 116 | CERF | 6 | Central Emergency Response Fund | 중앙 비상 대응 기금 |
| 117 | ECLAC | 6 | Economic Commission for Latin America and the Caribbean | 유엔 중남미·카리브경제위원회 |
| 118 | ESCAP | 6 | United Nations Economic and social Commission for Asia and the Pacific | 아시아 태평양 경제 사회 위원회 |

| | | | | |
|---|---|---|---|---|
| 119 | ICLEI | 6 | Local Governments for Sustainability | 자치단체국제환경협의회 |
| 120 | UNOPS | 6 | United Nations Office for Project Services | 유엔 프로젝트 조달 기구 |
| 121 | WTTC | 6 | World Travel & Tourism Council | 세계여행관광협회 |
| 122 | APG | 5 | Asia Pacific Group on Money Laundering | 아시아·태평양 지역 자금 세탁 방지기구 |
| 123 | ASOK | 5 | Association of American State Offices in Korea | 주한 미국 주정부 대표부 협회 |
| 124 | ECCK | 5 | European Chamber of Commerce in Korea | 유러피언 한국 상공회의소 |
| 125 | ERC | 5 | European Research Council | 유럽연구이사회 |
| 126 | ICCR | 5 | International Cooperation on Cosmetics Regulation | 화장품 글로벌 규제조화 지원센터 |
| 127 | IGU | 5 | International Gas Union | 국제가스연맹 |
| 128 | IVI | 5 | International Vaccine Institute | 국제 백신 연구소 |
| 129 | NGFS | 5 | Network for Greening the Financial System | 녹색금융 협의체 |
| 130 | AMCHAM | 5 | American Chamber of Commerce | 주한미국상공회의소 |
| 131 | CTBTO | 4 | Preparatory Commission for the Comprehensive Nuclear-Test-Ban Treaty Organization | 유엔 포괄적 핵실험 금지 조약 기구 |
| 132 | HUPO | 4 | Human Proteome Organization | 세계단백체학회 |
| 133 | IDA | 4 | International Development. Association | 국제개발협회 |
| 134 | MIKTA | 4 | Mexico + Indonesia + Korea + Turkey + Australia | 멕시코, 인도네시아, 대한민국, 터키, 오스트레일리아 국가협의체 |
| 135 | AHWP | 3 | Asian Harmonization Working Party | 아시아 의료기기 관리협의체 |

정부 보도자료의 로마자 사용 실태와 우리말 약칭 사용 제안 59

| | | | | |
|---|---|---|---|---|
| 136 | FAOBMB | 3 | Federation of Asian and Oceanian Biochemists and Molecular Biologists | 아시아·오세아니아 생화학분자생물학 연맹 |
| 137 | ISSF | 3 | International Shooting Sport Federation | 국제 사격 연맹 |
| 138 | IWRA | 3 | International Water Resources Association | 국제수자원협회 |
| 139 | MEDICA | 3 | World Forum for Medicine International Trade Fair with Congress | 국제의료기기전시회 |
| 140 | UNIDIR | 3 | United Nations Institute for Disarmament Research | 유엔군축연구소 |
| 141 | WPRO | 3 | WHO Western Pacific | 서태평양 보건 기구 |
| 142 | AFHC | 2 | Alliance for Healthy Cities | 건강 도시 연합 |
| 143 | APAC | 2 | Asia Pacific Accreditation Cooperation | 아시아태평양 지역의 무역 및 상거래 촉진 연합체 |
| 144 | ASC | 2 | Aquaculture Stewardship Council | 세계양식책임관리회 |
| 145 | CEN | 2 | European Committee for Standardization | 유럽 표준화 기구 |
| 146 | CEVI | 2 | Center for Convergent Research of Emerging Virus Infection | 신종바이러스융합연구단 |
| 147 | ICA | 2 | International Co-operative Alliance | 국제협동조합연맹 |
| 148 | SPTO | 2 | South Pacific Tourism Organisation | 태평양 관광 기구 |
| 149 | UNFF | 2 | United Nations Forum on Forests | 산림에 관한 정부 간 정책 포럼 |
| 150 | UNGC | 2 | United Nations Global Compact | 유엔 글로벌 콤팩트 |
| 151 | UNKRA | 2 | United Nations Korean Reconstruction Agency | 유엔 한국 재건단 |

| | | | | |
|---|---|---|---|---|
| 152 | UNODC | 2 | United Nations Office on Drugs and Crime | 유엔 마약 범죄 사무소 |
| 153 | OPCW | 2 | Organisation for the Prohibition of Chemical Weapons | 화학 무기 금지 기구 |
| 154 | ATC | 1 | Asia & The Pacific Ocean Trade Center | 아시아 태평양 무역 센터 |
| 155 | BSEC | 1 | Black Sea Economic Cooperation | 흑해협력기구 |
| 156 | CEMR | 1 | Council of European Municipalities and Regions | 유럽 자치체 및 지역 위원회 |
| 157 | EAAFP | 1 | East Asian-Australasian Flyway Partnership | 동아시아-대양주 철새이동경로 파트너십 |
| 158 | GHSA | 1 | Global Health Security Agenda | 글로벌보건안보구상 |
| 159 | GHWP | 1 | Global Harmonuzation Working Party | 글로벌규제조화기구 |
| 160 | IARC | 1 | International Agency for Research on Cancer | 국제 암 연구 기관 |
| 161 | IASP | 1 | International Association for the Study of Pain | 국제통증학회 |
| 162 | ICGN | 1 | International Corporate Governance Network | 국제기업지배구조센터 |
| 163 | ICSID | 1 | International Centre for Settlement of Investment Disputes | 국제 투자 분쟁 해결 센터 |
| 164 | ICTOCT | 1 | International Conference on Transnational Organized Crime and Terrorism | 정보 통신 범죄 학회 |
| 165 | IRRI | 1 | International Rice Research Institute | 국제미작연구소 |
| 166 | NEDO | 1 | New Energy and Industrial Technology Development Organization | 신에너지산업기술종합개발기구 |

| 번호 | 표기 | 사용횟수 | 원어 | 한국어 풀이 이름 |
|---|---|---|---|---|
| 167 | UNITAR | 1 | United Nations Institute for Training and Research | 국제연합훈련조사연구소 |
| 168 | UNPOG | 1 | United Nations Project Office on Governance | 유엔거버넌스센터 |
| 169 | UNRWA | 1 | United Nations Relief and Works Agency for Palestine Refugees in the Near East | 유엔 팔레스타인 난민 구호 사업 기구 |
| 170 | UNSD | 1 | United Nations Statistics Division | 유엔통계위원회 |
| 171 | UNWTO | 1 | United Nations World Tourism Organization | 세계 관광 기구 |
| 172 | WFUNA | 1 | World Federation of United Nations Associations | 유엔협회세계연맹 |
| 173 | WMO | 1 | World Meteorological Organization | 세계 기상 기구 |
| 174 | GPEDC | 1 | Global Partnership for Effective Development Co-operation | 효과적 개발 협력 관계 |
| 175 | FKCCI | 1 | French Korean Chamber of Commerce and Industry | 한불상공회의소 |

## 2) 국제협정(40개)

| 번호 | 표기 | 사용횟수 | 원어 | 한국어 풀이 이름 |
|---|---|---|---|---|
| 1 | FTA | 1,423 | Free Trade Agreement | 자유무역협정 |
| 2 | CPTPP | 261 | Comprehensive and Progressive Agreement for Trans-Pacific Partnership | 포괄적·점진적 환태평양 경제 동반자 협정 |
| 3 | HACCP | 239 | Hazard Analysis and Critical Control Points | 안전관리인증기준 |
| 4 | NDC | 114 | Nationally Determined Contribution | 국가 온실가스 감축목표 |

| | | | | |
|---|---|---|---|---|
| 5 | DEPA | 58 | Digital Economy Partnership Agreement | 디지털경제동반자협정 |
| 6 | PCT | 48 | Patent Cooperation Treaty | 특허협력조약 |
| 7 | TAC | 48 | Total, Allowable, Catch | 총허용어획량 |
| 8 | CEPA | 46 | Comprehensive Economic Partnership Agreement | 포괄적 경제동반자 협정 |
| 9 | SOFA | 41 | Status of Forces Agreement | 한미행정협정 |
| 10 | CBAM | 38 | Carbon Border Adjustment Mechanism | 탄소국경조정제도 |
| 11 | EEZ | 34 | Exclusive Economic Zone | 배타적 경제 수역 |
| 12 | PPA | 22 | Power Purchasement Agreement | 전력 구매 계약 |
| 13 | RPS | 20 | Renewable Portfolio Standard | 신·재생에너지 공급의무화제도 |
| 14 | APTA | 19 | Asia-Pacific Trade Agreement | 아시아·태평양 무역협정 |
| 15 | CORSIA | 17 | Carbon Offsetting and Reduction Scheme for International Aviation | 탄소상쇄감축제도 |
| 16 | FDPR | 14 | Foreign Direct Product Rule | 해외직접제품규칙 |
| 17 | CITES | 13 | Convention on International Trade in Endangered Species of Wild Fauna and Flora | 멸종위기에 처한 야생동·식물의 국제거래에 관한 협약 |
| 18 | CMIM | 13 | Chiang Mai Initiative Multilateralization | 치앙마이 이니셔티브 다자화 조약 |
| 19 | IUU | 12 | Illegal, unreported, and unregulated | 불법 비보고 비규제 어업 |
| 20 | WLA | 11 | WHO Listed Authorities | 세계보건기구 인증 우수규제기관 목록 |
| 21 | COVAX AMC | 10 | COVID-19 Vaccines Advance Market Commitment | 백신 선구매 공약 메커니즘 |

| | | | | |
|---|---|---|---|---|
| 22 | UNCCD | 10 | United Nations Convention to Combat Desertification | 유엔 사막화 방지 협약 |
| 23 | AfCFTA | 7 | African Continental Free Trade Area | 아프리카대륙자유무역지대 |
| 24 | APTERR | 7 | ASEAN Plus Three Emergency Rice Reserve | 아세안 및 한·중·일 비상 쌀 비축 협정 |
| 25 | EVFTA | 7 | European Union-Vietnam Free Trade Agreement | 유럽연합-베트남 자유무역 협정 |
| 26 | CBPR | 6 | Cross Border Privacy Rule | 국경간 라이버시보호규칙 |
| 27 | GATS | 6 | General Agreement on Trade in Services | 서비스 무역에 관한 일반 협정 |
| 28 | AFSIS | 5 | ASEAN Food Security Information System | 아세안식량안보정보시스템 |
| 29 | COVAX | 5 | COVID-19 Vaccine Global Access | 코로나 백신 다자국 접근 |
| 30 | FTAAP | 5 | Free Trade Area of the Asia-Pacific | 아시아 태평양 자유무역지대 |
| 31 | TRQ | 5 | Tariff Rate Quota | 저율관세율할당물량 |
| 32 | GDPR | 4 | General Data Protection Regulation | 유럽연합 일반 개인정보 보호법 |
| 33 | UNFCCC | 3 | United Nations Framework Convention on Climate Change | 기후변화에 관한 유엔 기본 협약 |
| 34 | TPP | 3 | Trans-Pacific Strategic Economic Partnership | 환태평양경제동반자협정 |
| 35 | NAFTA | 2 | North America Free Trade Agreement | 북미자유무역협정 |
| 36 | CHPS | 2 | Clean Hydrogen Energy Portfolio Standards | 청정수소 발전 의무화제도 |
| 37 | DDA | 2 | Doha Development Agenda | 도하개발아젠다 |
| 38 | UNCBD | 2 | United Nations Convention on Biological Diversity | 생물 다양성 협약 |

| 39 | UNGP | 2 | United Nations Guiding Principles on Business and Human Rights | 기업과인권 이행지침 |
|---|---|---|---|---|
| 40 | UNTOC | 1 | United Nations Convention against Transnational Organized Crime | 초국가적 조직범죄 반대 조약 |

## 3) 미국 내 기관(21개)

| 번호 | 표기 | 사용횟수 | 원어 | 한국어 풀이 이름 |
|---|---|---|---|---|
| 1 | FDA | 74 | Food and Drug Administration | 미국 식품의약국 |
| 2 | SCI | 37 | Science Citation Index | 국제 과학 논문 색인 |
| 3 | FOMC | 25 | Federal Open Market Committee | 연방공개시장위원회 |
| 4 | NASA | 25 | National Aeronautics and Space Administration | 미국 항공우주국 |
| 5 | NTIS | 24 | National Science & Technology Information Service | 국가과학기술지식정보서비스 |
| 6 | NSC | 12 | National Security Council | 국가안전보장회의 |
| 7 | ATSC | 11 | Advanced Television Systems Committee | 미국의 디지털 텔레비전 방송 표준화 위원회 |
| 8 | CIA | 9 | Central Intelligence Agency | 중앙정보국 |
| 9 | EPA | 8 | Environmental Protection Agency | 미국 환경보호청 |
| 10 | CDC | 4 | Centers for Disease Control and Prevention | 미국질병통제예방센터 |
| 11 | CSIS | 4 | Center for Strategic and International Studies | 전략국제연구센터 |
| 12 | OFAC | 3 | Office of Foreign Assets Control | 해외재산관리국 |

| 13 | DARPA | 2 | Defense Advanced Research Projects Agency | 방위 고등 연구 계획국 |
|---|---|---|---|---|
| 14 | DOJ | 2 | Department of Justice | 미국 법무부 |
| 15 | FTC | 2 | Federal Trade Commission | 연방거래위원회 |
| 16 | NIAID | 2 | National Institute of Allergy and Infectious Diseases | 미국국립알레르기·감염병 연구소 |
| 17 | ASME | 1 | American Society of Mechanical Engineers | 미국기계학회 |
| 18 | ASTM | 1 | American Society for Testing and Materials | 미국 재료 시험 협회 |
| 19 | IRS | 1 | Internal Revenue Service | 미국 국세청 |
| 20 | NAEMT | 1 | National Association of Emergency Medical Technicians | 미국 응급 의료 기술자 및 구급대원 협회 |
| 21 | USDA | 1 | United States Department of Agriculture | 미국 농무부 |

## 4) 미국 외 기관(1개)

| 번호 | 표기 | 사용횟수 | 원어 | 한국어 풀이 이름 |
|---|---|---|---|---|
| 1 | CCP | 1 | Chinese Communist Party | 중국공산당 |

## 5) 전문가 조직(17개)

| 번호 | 표기 | 사용횟수 | 원어 | 한국어 풀이 이름 |
|---|---|---|---|---|
| 1 | ULI | 9 | Urban Land Institute | 부동산 포럼 |
| 2 | ASPAC | 7 | Asia Pacific Network of Science & Technology Centres | 아시아 태평양 이사회 |

| | | | | |
|---|---|---|---|---|
| 3 | BIEN | 7 | Basic Income Earth Network | 기본 소득 지구 네트워크 |
| 4 | FMTC | 6 | Future Mobility Technology Center | 미래자동차기술센터 |
| 5 | CCXG | 5 | Climate Change Expert Group | 기후변화 전문가 그룹 |
| 6 | ICTC | 5 | International Customs and Trade Advisory Center | 국제관세무역자문센터 |
| 7 | UAUS | 5 | Union of Architecture University in Seoul | 대학생 건축과 연합 |
| 8 | GKNF | 4 | Global Korean Nursing Foundation | 국제한인간호재단 |
| 9 | GIA | 3 | Gemological Institute of America | 미국 보석 연구소 |
| 10 | GSMA | 3 | Global System for Mobile Communications Association | 세계 이동통신 사업자협회 |
| 11 | IASB | 2 | International Accounting Standards Board | 국제회계기준위원회 |
| 12 | SIPRI | 2 | Stockholm International Peace Research Institute | 스톡홀름 국제평화연구소 |
| 13 | IFCN | 2 | International Fact-Checking Network | 국제 사실확인 네트워크 |
| 14 | GPAI | 2 | Global Partnership on Artificial Intelligence | 세계 인공지능 협의체 |
| 15 | CDISC | 1 | Clinical Data Interchange Standards Consortium | 국제임상데이터표준컨소시엄 |
| 16 | ASPA | 1 | Asian Science Park Association | 아시아 지역 지식산업과 기술혁신의 선도기관 |
| 17 | IBA | 1 | International Bartenders Association | 국제 바텐더 협회 |

## 6) 전시회와 박람회(14개)

| 번호 | 표기 | 사용 횟수 | 원어 | 한국어 풀이 이름 |
|---|---|---|---|---|
| 1 | CES | 126 | Consumer Electronics Show | 국제전자제품박람회 |
| 2 | BCM | 50 | Busan Contents Market | 부산콘텐츠마켓 |
| 3 | SID | 17 | Society for Information Display | 국제정보디스플레이학회 |
| 4 | MWC | 15 | Mobile World Congress | 모바일 산업 박람회 |
| 5 | GITEX | 11 | Gulf Information Technology Exhibition | 두바이 정보통신 전시회 |
| 6 | BIXPO | 8 | Bitgaram International EXPOsition of Electric Power Technology | 글로벌 종합 에너지 박람회 |
| 7 | DIOPS | 6 | DAEGU INTERNATIONAL OPTICAL SHOW | 대구국제안경전 |
| 8 | IFA | 4 | Internationale FunkAusstellung Berlin | 베를린 국제가전박람회 |
| 9 | DIFA | 3 | Daegu International Future Auto & Mobility Expo | 대구국제미래자동차전시회 |
| 10 | WIS | 2 | World Information technology Show | 세계 정보기술 전시회 |
| 11 | BISFE | 2 | Busan International Seafood & Fisheries Expo | 부산국제수산엑스포 |
| 12 | WEFTEC | 2 | Water Environment Federation's Technical Exhibition and Conference | 미국 시카고 물 산업 전시회 |
| 13 | HODEX | 1 | Honam Dental Congress & Exhibition | 호남권 치과종합학술대회 및 기자재전시회 |
| 14 | ICCA | 1 | International Congress and Convention Association | 국제회의 컨벤션협회 |

## 7) 행사(10개)

| 번호 | 표기 | 사용횟수 | 원어 | 한국어 풀이 이름 |
|---|---|---|---|---|
| 1 | DIMF | 38 | Daegu International Musical Festival | 대구뮤지컬페스티벌 |
| 2 | BFFF | 8 | Busan Food Film Festa | 부산푸드필름페스타 |
| 3 | MAMF | 8 | Migrants' Arirang Multicultural Festival | 문화다양성축제 |
| 4 | BIFF | 7 | Busan International Film Festival | 부산국제영화제 |
| 5 | IMPC | 6 | International Mouse Phenotype Consortium | 국제마우스표현형분석컨소시엄 |
| 6 | BIMF | 4 | Busan International Magic Festival | 부산국제매직페스티벌 |
| 7 | GICC | 4 | Global Infrastructure Cooperation Conference | 글로벌 인프라협력 컨퍼런스 |
| 8 | YBLN | 3 | Young Business Leaders Forum | 차세대 경제 리더 포럼 |
| 9 | EIDF | 1 | EBS International Documentary Festival | EBS 국제다큐영화제 |
| 10 | JHAF | 1 | Jeju Haevichi Arts Festival | 제주해비치아트페스티벌 |

## 8) 한국 공공기관(94개)

| 번호 | 표기 | 사용횟수 | 원어 | 한국어 풀이 이름 |
|---|---|---|---|---|
| 1 | LH | 1,154 | Korea Land & Housing Corporation | 한국토지주택공사 |
| 2 | KOTRA | 286 | Korea Trade-Investment Promotion Agency | 대한무역투자진흥공사 |
| 3 | KDI | 173 | Korea Development Institute | 한국개발연구원 |

| | | | | |
|---|---|---|---|---|
| 4 | SH | 151 | Seoul Housing & Communities Corporation | 서울주택도시공사 |
| 5 | JDC | 127 | Jeju Free International City Development Center | 제주국제자유도시개발센터 |
| 6 | KIST | 120 | Korea Institute of Science and Technology | 한국과학기술연구원 |
| 7 | ETRI | 118 | Electronics and Telecommunications Research Institute | 한국전자통신연구원 |
| 8 | LX | 84 | Korea Land And Geospatial Informatix Corporation | 한국국토정보공사 |
| 9 | K-Water | 72 | korean water resources corporation | 한국수자원공사 |
| 10 | KOICA | 67 | Korea International Cooperation Agency | 한국국제협력단 |
| 11 | GH | 63 | Gyeonggi Housing & Urban Development Corporation | 경기주택도시공사 |
| 12 | KAI | 60 | Korea Aerospace Industries | 한국항공우주산업 |
| 13 | BIFC | 55 | Busan International Finance Center | 부산국제금융센터 |
| 14 | KISA | 53 | Korea Internet & Security Agency. | 한국인터넷진흥원 |
| 15 | KIAT | 44 | Korea Institute for Advancement of Technology | 한국산업기술진흥원 |
| 16 | KISTI | 35 | Korea Institute of Science and Technology Information | 한국과학기술정보연구원 |
| 17 | KREI | 32 | Korea Rural Economic Institute | 한국농촌경제연구원 |
| 18 | KIMST | 31 | Korea Institute of Marine Science & Technology Promotion | 해양수산과학기술진흥원 |
| 19 | NIA | 30 | National Information Society Agency | 한국정보화진흥원 |

| | | | | |
|---|---|---|---|---|
| 20 | HUG | 29 | Korea Housing & Urban Guarantee Corporation | 주택도시보증공사 |
| 21 | UNIST | 28 | Ulsan National Institute of Science & Technology | 울산과학기술원 |
| 22 | ACC | 23 | A Window of Asian Culture Facing the World | 국립아시아문화전당 |
| 23 | KMI | 23 | Korea Maritime Institute | 한국해양수산개발원 |
| 24 | IITP | 22 | Institute for Information & communication Technology Planning & evaluation | 정보통신기획평가원 |
| 25 | GIST | 20 | Gwangju Institute of Science and Technology | 광주과학기술원 |
| 26 | NCC | 17 | National Cancer Center | 국립암센터 |
| 27 | ADD | 16 | Agency for Defense Development | 국방과학연구소 |
| 28 | BPA | 16 | Busan Port Authority | 부산항만공사 |
| 29 | IRB | 16 | Institutional Review Board | 국립중앙의료원 기관생명 윤리위원회 |
| 30 | KAS | 16 | Korea Accreditation System | 한국제품인정기구 |
| 31 | KTL | 16 | Korea Testing Laboratory | 한국산업기술시험원 |
| 32 | DGIST | 15 | Daegu Gyeongbuk Institute of Science and Technology | 대구경북과학기술원 |
| 33 | IBS | 15 | Institue For Basic Science | 기초과학연구원 |
| 34 | SBA | 15 | Seoul Business Agency | 서울산업진흥원 |
| 35 | KIND | 15 | Korea Overseas INfrastructure & Urban Development Corporation | 한국해외인프라도시개발 지원공사 |
| 36 | KEIT | 13 | Korea Evaluation Institue of Industrial Technology | 한국산업기술평가관리원 |

| | | | | |
|---|---|---|---|---|
| 37 | NIPA | 13 | National IT Industry Promotion Agency | 정보통신산업진흥원 |
| 38 | HF | 12 | Korea Housing Finance Corporation | 한국주택금융공사 |
| 39 | KIDA | 12 | Korea Institute for Defense Analysis | 한국국방연구원 |
| 40 | KTO | 9 | Korea Tourism Organization | 한국관광공사 |
| 41 | SR | 9 | Supreme Railways, Safety, Reliable | 수서고속철도주식회사 |
| 42 | BISTEP | 8 | Busan Science&Technology InformationService | 부산과학기술정보서비스 |
| 43 | KISDI | 8 | Korea Information Society Development Institute | 정보통신정책연구원 |
| 44 | STEPI | 8 | Science and Technology Policy Institute | 과학기술정책연구원 |
| 45 | KIC | 7 | Korea Investment Corporation | 한국투자공사 |
| 46 | KIOST | 7 | Korea Institute of Ocean Science & Technology | 한국해양과학기술원 |
| 47 | KFI | 6 | Korea Fire Institue | 한국소방산업기술원 |
| 48 | KTR | 6 | Korea Testing & Research Institute | 한국화학융합시험연구원 |
| 49 | NMC | 6 | National medical center | 국립중앙의료원 |
| 50 | ICN | 5 | Incheon International Airport | 인천국제공항 |
| 51 | KBI | 5 | Korea Banking Institute | 한국금융연수원 |
| 52 | KSD | 5 | Korea Securities Depository | 한국예탁결제원 |
| 53 | BDI | 4 | Baltic Dry Index | 한국관세물류협회 |
| 54 | DMO | 4 | Destination Marketing Organization | 지역관광추진조직 |
| 55 | IFF | 4 | Intergovernmental Forum on Forests | 정부간 산림포럼 |

| | | | | |
|---|---|---|---|---|
| 56 | KAIA | 4 | Korea Agency for Infrastructure Technology Advancement | 국토교통과학기술진흥원 |
| 57 | KCA | 4 | Korea Communications Agency | 한국방송통신전파진흥원 |
| 58 | KEA | 4 | Korea Energy Agency | 한국전자정보통신산업진흥회 |
| 59 | KETI | 4 | Korea Electronics Technology Institute | 한국전자기술연구원 |
| 60 | KPX | 4 | Korea Power Exchange | 한국전력거래소 |
| 61 | MOFA | 4 | Ministry of Foreign Affairs Republic of Korea | 대한민국 외교부 |
| 62 | NST | 4 | National Research Council of Science & Technology | 국가과학기술연구회 |
| 63 | NPS | 4 | National Pension Service | 국민연금공단 |
| 64 | KERIS | 4 | Korea Education and Research Information Service | 한국교육학술정보원 |
| 65 | KIRD | 4 | Korea Institute of Human Resources Development in Science and Technology | 국가과학기술인력개발원 |
| 66 | NIH | 3 | National Institutes of Health | 국립보건연구원 |
| 67 | KAERI | 3 | Korea Atomic Energy Research Institute | 한국원자력연구원 |
| 68 | KEI | 3 | Korea Environment Institute | 한국환경연구원 |
| 69 | TS | 3 | Korea Transportation Safety Authority | 한국교통안전공단 |
| 70 | EX | 3 | Korea Expressway Corporation | 한국도로공사 |
| 71 | BKETC | 2 | he Boeing Korea Engineering & Technology Center | 보잉한국기술연구소 |
| 72 | CSTP | 2 | Committee for Scientific and Technological Policy | 과학기술정책위원회 |

| | | | | |
|---|---|---|---|---|
| 73 | KADA | 2 | Korea Anti-Doping Agency | 한국도핑방지위원회 |
| 74 | KIRO | 2 | Korea Institute of Rovotics & Technology Convergence | 한국로봇융합연구원 |
| 75 | KSPO | 2 | Korea Sports Promotion Foundation | 국민체육진흥공단 |
| 76 | RAPA | 2 | Korea Radio Promotion Association | 한국전파진흥협회 |
| 77 | SLC | 2 | Sudokwon Landfill Site Management Corporation | 수도권매립지관리공사 |
| 78 | KINS | 2 | Korea Institute of Nuclear Safety | 한국원자력안전기술원 |
| 79 | FIS | 2 | Food Information Statistics System | 식품산업통계정보시스템 |
| 80 | KRISO | 2 | Korea Researgh Institute of Ships and Ocean Engineering | 선박해양플랜트연구소 |
| 81 | GFEZ | 1 | Gwangyang Bay Area Free Economic Zone Authority | 광양만권경제자유구역청 |
| 82 | AURI | 1 | Architecture & Urban Research Institute | 건축공간연구기관 |
| 83 | BOK | 1 | The Bank of Korea | 한국은행 |
| 84 | DGMIF | 1 | Daegu Gyeongbuk Advanced Medical Industry Promotion Foundation | 대구경북첨단의료산업진흥재단 |
| 85 | DTRO | 1 | Daegu Metropolitan Transit Corporation | 대구도시철도공사 |
| 86 | GBSA | 1 | Gyeonggido Business & Science Accelerator | 경기도경제과학진흥원 |
| 87 | NIS | 1 | National Intelligence Service | 대한민국 국가정보원 |
| 88 | NSR | 1 | National Security Research Institute | 국가보안기술연구소 |
| 89 | TP | 1 | Teachers Pension | 사학연금 |

| 90 | KOFIH | 1 | Korea Foundation for International Healthcare | 한국국제보건의료재단 |
|---|---|---|---|---|
| 91 | KVIC | 1 | Korea Venture Investment Corporation | 한국벤처투자 |
| 92 | KRIBB | 1 | Korea Research Institute of Bioscience and Biotechnology | 한국생명공학연구원 |
| 93 | KARI | 1 | Korea Aerospace Research Institute | 한국항공우주연구원 |
| 94 | KFE | 1 | Korea Institute of Fusion Energy | 한국핵융합에너지연구원 |

## 6. 국제기구 등의 로마자 약칭 개선 전략

'NFT'처럼 개념이나 현상을 가리키는 용어가 로마자 약어로 쓰이고 있다면 이는 국립국어원이 운영하는 '새말모임'에서 우리말로 다듬을 수 있다. 그런데 국제기구 등의 로마자 약칭은 사람으로 치자면 이름에 해당하므로 훨씬 민감하다. 이에 다음과 같은 접근을 제안한다.

1) 언론인과 국어학자, 관련 분야 전문가로 '국제기구 등의 우리말 약칭 제안 위원회'를 짜서 대안을 만든다.
2) 로마자 약어로 된 국제기구 등의 이름 가운데 길이와 어감을 고려하여 우리말 번역 풀이 이름을 그대로 쓸 수 있는 것과 우리말 약칭을 만들 대상을 구분한다.
3) 우리말 약칭을 만들어 성공할 만한 조건을 분석한 후 그에 합당한 대상을 골라 우리말 약칭을 만들어 준다.
 -공공성이 높은 국제기구를 우선 선정한다.
 -언론 노출 빈도가 높은 것은 1차 대상에서 제외한다.
 -가까운 미래에 활동이 강화될 곳을 미리 고른다.

－국제기구나 국제행사 가운데 국내에 책임자가 있는 경우는 2차로 돌려 긴밀한 협의를 수행한 뒤 결정한다.
－국내 공공기관의 협조와 협력을 우선 끄집어낸다.
－국내 지자체와 정부 관련 행사의 이름에서 우리말을 앞세우도록 협조를 구한다.

4) 언론인과 관계 공무원들을 대상으로 수용도 조사를 벌여 일정한 점수 이상의 것을 대체 대상으로 삼는다.

5) 언론 기사에서 적용할 구체적인 방안을 만들어 시민단체의 활동과 연결한다.

6) 문체부 등 정부에서 나설 수 있다면 언론에 좀 더 대대적인 협조를 요청하고 홍보한다. '정부-언론 외래어 공동심의회'에서 늘 수행하는 업무로 규정할 수도 있겠다. 물론 별도의 예산을 마련해야 할 것이다.

줄임말 문화는 피하거나 거부하기 힘든 현대 사회의 주요한 언어문화이다. 세계가 밀접해지고 다양한 영역들이 서로 긴밀하게 교류하거나 협력하며, 인터넷 덕에 사람들의 감정 교류가 순식간에 전 세계적으로 일어남으로써 느낌마저 세계화되는 세상인지라, 복합적인 개념과 느낌과 현상을 표현하려면 말이 길어질 수밖에 없다. 이를 담당하는 조직이나 행사도 어쩔 수 없이 이름이 길어진다.

서구에서는 이런 복합적인 이름을 압축하여 로마자 약어로 제공함으로써 소통의 경제성을 추구한다. 하지만 그만큼 소통의 투명성은 떨어질 수밖에 없었다. 그럼에도 특별한 대책이 마련되지 않아 우리나라 정부의 보도자료나 언론 기사에서 로마자 약칭이 걸러지지 않고 그대로 사용되었다. 이제 로마자 약칭 문화를 수동적으로 수용할 것이 아니라 우리말 약칭을 만들어 제안함으로써 소통의 경제성을 유지하면서도 투명성을 높이는 쪽으로 언어문화를 몰고 가야 공공언어에서 쉬운 우리말 쓰기 문화가 더욱 확산될 것이다.

[참고문헌]

이건범(2015). 자주 쓰는 영어 낱말과 로마자 약자의 소통성 검토.『제19회 한글문화토론회-쉬운 공공언어 정착을 위한 국어소통능력 향상 방안-』. 한글문화연대. 56~74쪽.

이건범(2021). 한국 중앙정부의 외국어 낱말 사용과 한글전용 실태 분석.『공공언어학』제5호. 한국공공언어학회. 161~193쪽.

# 외래어 순화어

외래어 순화어 심의위원

김석득 리의도 박종국 성낙수 차재경


외래어 순화어 수집정리 연구원

박은화

| 순화 대상 | 순화어 |
|---|---|
| 가교(假橋) | 임시다리 |
| 가나키리(金切, かなきり) | 쇠톱 |
| 가납(假納) | 임시납부 |
| 가네자시(矩差, かねざし) | 곱자 |
| 가다로쿠 | 모형 |
| 가도(假道) | 임시도로 |
| 가도(角, かど) | 모서리, 모퉁이 |
| 가등기(假登記) | 임시 등기 |
| 가디간/카디건(カーディガン, cardigen) | 얇은 홑여밈 겉털옷 |
| 가라오케(空オケ, からオケ, 영-orchestra) | 녹음반주, 노래방 |
| 가라쿠(空-, -cushion) | [당구] 민쿠션치기, 빈면치기 |
| 가리코미(刈り込み, かりこみ) | ①깎기 ②이발사 |
| 가매장(假埋葬) | 임시 매장, 임시묻기 |
| 가미사시(紙差し, かみさし) | 종이 먹이기, 삽지 |
| 가미소리(剃刀, かみそり) | 면도, 면도기, 면도칼, 면도날 |
| 가병(假病) | 꾀병 |
| 가빠/갓파(合羽, カッペ, 스.capa) | ①비옷 ②덮개 |
| 가사용(假使用) | 임시사용, 임시쓰기 |
| 가성소다(苛性ソーダ, -soda) | 양잿물, 수산화나트륨 |
| 가수금(假受金) | 임시 받은 돈 |
| 가승계(假承繼) | 임시 승계, 임시이어받기 |
| 가압류(假押留) | 임시 압류 |
| 가오(顔, かお) | ①얼굴, 낯 ②체면 |
| 가오다시(顔出し) | [상인] 우두머리 |
| 가오 마담(顔 madam) | 얼굴 마담 |
| 가주소(假住所) | 임시 주소 |
| 가즈라(髪, かつら) | 가발, 다리(머리) |
| 가집행(假執行) | 임시 집행 |
| 가출(家出) | 집나감 |
| 가케표(かけ(×)標) | 가위표, 가새표 |
| 가타가키(肩書, かたがき) | 직함 |
| 가타도리(型取り, かたどり) | 본뜨기 |
| 가타로구/가다로구(カタログ, 영 catalogue) | 목록, 일람표, 모형, 설명서, 본책, 본보기책 |

| 순화 대상 | 순화어 |
|---|---|
| 가타마에 / 가다마이(片前, かたまえ) | 외줄단추옷, 홑여밈옷, 홑여밈, 홑자락 |
| 가타쿠리 / 가다꾸리(일 片栗, かたくり粉, かたくりこ) | 녹말, 녹말가루 얼레짓가루, 감자가루 |
| 가필(加筆, かひつ) | ①글손질 ②고쳐 씀 |
| 각하(却下) | [법률 제외] 물리침 |
| 간식(間食) | 샛밥, 새참, 군음식 |
| 간테라 / 간데라(カンテラ, 네 kandelaar 포 candelaar) | (촉)광, 촛대, 석유등 |
| 감안(勘案) | 생각, 고려, 참작 |
| 갓와리 / 갓토-(cut 割り) | 커트 나누기 |
| 개소(個所) | 군데 |
| 갸쿠 / 갸꾸(逆, ぎゃく) | [당구] 반대치기, 거꾸로치기 |
| 건포도(乾葡萄) | 마른포도, 말린포도 |
| 게바리(毛針, けばり) | 털낚시 |
| 게비키(罫引, けびき) | 금긋개 |
| 게양(揭揚) | 닮, 올림 |
| 겐코 / 겡꼬(檢擧) | [은어] 징역 |
| 견출장(見出帳) | 찾아보기책 |
| 견출지(見出紙) | 찾아보기표 |
| 결식아동(缺食兒童) | 굶는 아이 |
| 결재(決裁) | 재가(裁可) |
| 경시(輕視) | 얕봄, 깔봄 |
| 경합(競合) | 겨룸, 견줌, 경쟁, 다툼 |
| 고가교(高架橋) | 구름다리 |
| 고객(顧客) | (단골)손님 |
| 고로케 / 고롯케 / 크로켓(コロッケ, 프 croquette) | 속든둥근 튀김빵 |
| 고리(高利) | 비싼 변(리), 비싼 길미 |
| 고마카시(ごまかし) | 속임(수) |
| 고미(苦味) | 쓴맛 |
| 고수부지(高水敷地, しきち) | 둔치, 둔치마당, 강턱 |
| 고시 / 코시(腰, こし) | ①굽도리 ②허리 |
| 고시(こうし) | 거쳐 찍기 |

| 순화 대상 | 순화어 |
|---|---|
| 고시나케(腰投げ, こしなげ) | 허리지기 |
| 고지(告知, こくち) | 알림 |
| 고싟쿠 / 고짓쿠 / 고지꾸(ゴシック, 영 gothic) | ①고딕  ②돋움체, 고딕체 |
| 공상자(空箱子) | 빈상자 |
| 공수표(空手票) | ①부도 수표<br>②가짜 약속, 헛약속 |
| 공지(空地) | 빈땅, 빈터 |
| 공차(空車) | 빈차 |
| 과소비(過消費, かしょうひ) | 지나친 씀씀이, 너무 쓰기 |
| 구도우(くどう) | 반점 |
| 구라치 / 구랏치(クラッチ, clutch) | 클러치 |
| 구레파스(クレパス, crayon pastel) | 크레파스 |
| 구로도 | 익수, 능수, 전문가 |
| 구로토(玄人, くろうと) | 능수, 익수, 숙달자 |
| 구루마 / 쿠루마(車, くるま) | 수레, 달구지 |
| 구리스(グリース, grease) | 윤활유, 그리스 |
| 구미(組, くみ) | 반, 조 |
| 구배(勾配) | 물매, 기울기, 오르막, 비탈 |
| 구보(驅步) | 달리기 |
| 구사비(楔, くさび) | 쐐기 |
| 구아쇼이 | 물림쪽 |
| 구이(杭, くい) | 말뚝 |
| 구입선(購入先) | 구입처, 사들이곳 |
| 구즈(屑) | 찌꺼기 |
| 국채(國債) | 나라빚 |
| 굴삭기(掘削機) | 굴착기 |
| 극광(極光) | 오로라(aurora) |
| 금명(간)(今明間) | 오늘 내일 사이, 곧 |
| 금비(金肥) | 화학비료 |
| 금주(今週) | 이번주 |
| 기레이(奇麗) | [당구] 좋아, 좋네 |
| 기로누키(きろぬき) | 도리기, 도림 |
| 기리스테(きりすて) | 잘라 냄 |

| 순화 대상 | 순화어 |
|---|---|
| 기즈(傷きず) | 흠(집) |
| 기포(氣泡) | 거품 |
| 기합(氣合) | [군대] 얼차려, 기넣기 |
| 긴타로(金太郎) | 곤들매기 |
| 깃가케(切掛, きっかけ) | 좋은 기회, 계기 |
| 깃태(切手) | 표, 우표 |
| 꼬붕 / 고분(子分, こぶん) | 부하, 아랫것 |
| 낑깡 / 긴칸(金柑, きんかん) | 금귤, 동귤 |
| 나나이치(なないち) | 일자(형) 단춧구멍 |
| 나대지(裸垈地) | 빈집터 |
| 나메 / 나미(嘗め, なめ) | [당구] 얇게 치기, 옆치기 |
| 나쓰가레(なつがれ) | 여름타기 |
| 나와바리(繩張り) | 구역, 세력권 |
| 나카미(中身, なかみ) | 속장, 알맹이 |
| 나카미다시(中見出, なかみだし) | 중간 표제, 중간 제목 |
| 나카토비라(なかとびら) | 속표제지 |
| 난닝구 / 란닌구(ランニング, 영 running shirts) | 러닝셔츠 |
| 네마키(寢卷, ねまき) | 자리옷, 잠옷 |
| 네지기리 / 네지키리(螺子錐, ねじきり) | 나사송곳 |
| 네지키(寢敷, ねじき) | 줄세우기, 깔다림이 |
| 노루마키(のるまき) | 위로 말이 |
| 노점(露店) | 길가게, 거리가게 |
| 놋지 | 농도, 농도조절 |
| 누스미토리(盜み取り) | 몰래 찍기 |
| 니기리 / 니기리즈시(일 握鮨) | 생선초밥, 주먹초밥 |
| 니꾸사꾸 / 릿쿠삿쿠(リックサック, 독 Rücksack) | 배낭 |
| 니주(二重) | 깔판 |
| 니주(마와시)(二重廻し) | [당구]이중돌리기, 두겹돌리기 |
| 닛파 / 니빠(ニッパ, nipper) | 니퍼, 족집게 |
| 다마사와리(球触り) | 공 건드리기 |
| 다마찌라시 / 다마치라시(玉散らし) | 구슬 머리 |
| 다마치기(玉-, 일 tama—) | 구슬치기 |

| 순화 대상 | 순화어 |
| --- | --- |
| 다마코(たまご) | 부딪치기 |
| 다반사(茶飯事) | 예사, 흔한일 |
| 다에가에시(たえかえし) | 길게잡기 |
| 다와시(たわし) | 솔, 수세미 |
| 다이야(タイヤ, tire) | 바퀴, 타이어 |
| 다치키리(立切) | 내리닫이 |
| 다쿠안/다쿠앙 / 다꾸앙 / 타쿠안<br>（澤庵, たくあん） | 단무지 |
| 다테구미(從組み) | 세로짜기 |
| 다테메(縱目) | 세로결 |
| 다테칸판(立て看板) | 입간판 |
| 다테헨케이(たてへんけい) | 세로 변체 |
| 닥상이다(澤山-) | [은어] 충분하다, 넉넉하다, 제격이다 |
| 단말기(端末機) | 끝장치 |
| 단보루(段ボール, -board) | 골판지 |
| 단스키 | 턱 |
| 단합(團合) | 뭉침 |
| 닷파(建端) | 높이 |
| 단고(談合) | 짬짜미 |
| 대다수(大多數) | 대부분 |
| 대부(貸付) | 뀌기, 돈뀌기, 빌림 |
| 데다시(でだし) | 도입부, 첫머리 |
| 데드롱 / 데토론(テトロン, 네 tetoron) | 테토론 |
| 데바보쵸(出刀包丁, でばぼうちょう) | 큰식칼 |
| 데아이(出合, であい) | 마주치기 |
| 덴센(伝線) | [의복] 풀린올, 올풀림 |
| 덴치 / 덴찌(天地, てんち) | [놀이말] 상하, 위아래, 하늘땅 |
| 덴탕(伝單, でんたん) | 광고지 |
| 뎃키리 / 데끼리(てっきり) | 적중값 |
| 도난(盜難) | 도둑맞음 |
| 도닝(同人, どうにん) | 같은 사람, 같은이 |
| 도당(←포 tutenag(a)) | 함석, 아연 도금 철판, 아연 철판 |

| 순화 대상 | 순화어 |
|---|---|
| 도당구미 | 좁혀짜기 |
| 도리크(←trick) | 속임수 |
| 도마리(泊り) | [낚시] 밤낚시 |
| 도메(止め, 留め) | [인쇄] 끝 |
| 도시(通し, とおし) | 통판 |
| 도캉(土管) | 토관, 흙관 |
| 도쿠리 셔츠(德利 shirts) | 긴목 셔츠 |
| 도쿠이(得意, とくい) | 단골, 단골손님 |
| 도키아이(時合, ときあい) | [낚시] 물거리 |
| 독고다이(特攻隊, とっこうたい) | 특공대 |
| 돈스비단(緞子緋緞) | [병풍, 족자] 단자 비단 |
| 돈초(緞帳, どんちょう) | [무대] 앞막 |
| 돕뿌(←top) | 첫머리, 꼭대기 |
| 두개골(頭蓋骨) | 머리뼈 |
| 따불 / 다불(ダブル, 영 double) | 곱, 겹, 갑절 |
| 뗑뗑이 / 땡땡이(點點) | [의복] 물방울, 물방울 무늬 |
| 똔똔 / 돈톤(とんとん) | 본전치기 |
| 라구랑(ラグラン, raglan) | 래글런(외투) |
| 라이방 / 라이반(ライバン, 영 ray ban) | 보안경, 색안경 |
| 란나(ランナー, runner) | [야구] 주자, 러너, 뛰는이 |
| 란도셀(ランドセル, 네 ransel) | 멜빵가방 |
| 레테르 / 레테루 / 렛테루(レッテル, 네 letter) | 상표, 표 |
| 로바타야키 / 노바다야끼(爐端燒) | 화로구이 |
| 롤 와께(roll-) | 롤 나누기 |
| 료마에 / 료오마에(兩前, りょうまえ) | ①겹여밈, 겹여밈옷, 겹자락 ②쌍줄단추 |
| 리루(←reels) | 릴, 필름 틀 |
| 리쿠 / 니꾸(陸) | [당구] 겹쳐밀기, 겹쳐치기 |
| 마구로 | 다랑어 |
| 마끼(卷, まき) | 두루마기 |
| 마나이타(俎板, まないた) | 도마 |
| 마대(麻袋) | 포대, 자루 |
| 마도리(まどり) | 간살잡기 |

| 순화 대상 | 순화어 |
|---|---|
| 마루타(丸太, まるた) | 통나무 |
| 마시(增, まし) | [당구] 다맞기 |
| 마에가키(前書き) | 머리글 |
| 마에사라(まえさら) | 나눔접시 |
| 마에칸 / 마이깡(まえかん, ←hook) | 걸단추, 갈고리단추 |
| 마유즈미(眉墨, まゆずみ) | 눈썹그리개 |
| 마키카에(卷換) | 갈아감기 |
| 마호병(魔法瓶, まほうびん) | 보온병 |
| 만가 / 망가(漫畵, まんが) | 만화 |
| 만개(滿開) | 활짝 핌, 만발, 가득핌 |
| 말소(抹消) | 지움, 지워 없앰 |
| 말시바이(馬しばい －芝居) | 서커스 |
| 망년회(忘年會) | 송년 모임, 송년회 |
| 매(枚) | 장 |
| 매도(賣渡) | 팔아넘김 |
| 메시(飯, めし) | 밥 |
| 멘토 | 꾸밈막이, 조언인 |
| 멧지 | 한줄 놓기, 한줄 재기 |
| 면적(面積) | 넓이 |
| 모나카(最中) | 팥소과자 |
| 모다(モーター, motor) | 전동기, 발동기, 모터 |
| 모비루(モビール, 영 mobile) | [조각] ①모빌 ②흔들개비 |
| 모빌유(モビール油, mobile油) | 모빌유, 윤활유 |
| 모치 / 모찌(餅, もち) | 떡, 찹쌀떡 |
| 모치도구(持ち道具) | 소도구 |
| 모치떡 / 모찌떡(餅－, もち) | 찹쌀떡 |
| 모치모치(持ち持ち) | 각자부담 |
| 모포(毛布) | 담요 |
| 몸메 / 몬메(匁, もんめ) | 돈, 돈쭝 |
| 몸비(もんび, 紋日) | 명절 영화 |
| 몸뻬 / 몬페(もんぺ) | 일바지, 왜바지 |
| 못코(畚, もっこ) | 짐그물, 하역 그물 |
| 무네(むね) | 세트, 채 |
| 무뎃뽀 / 무텟포(無鐵砲, むてっぽう) | 막무가내, 마구잡이, 무모(無謀) |

| 순화 대상 | 순화어 |
|---|---|
| 무라(斑) | 얼룩 |
| 무쿠네지 / 모쿠네지(木螺子, もくねじ) | 나사못 |
| 무키(むき) | 용, 소용 |
| 물가고(物價高) | 높은물가 |
| 미깡 / 미칸(蜜柑, みかん) | 감귤, 귤, 밀감 |
| 미숀 / 트랜스미션(トランスミッション, transmission) | 변속기 |
| 미싱 / 미신(ミシン, machine (←영 sewing machine)) | 재봉틀 |
| 미싱바리(ミシン-machine-) | 재봉사 |
| 미쓰조로에(みつぞろえ) | 제갖춤 |
| 미우(尾羽) | 꼬리깃 |
| 미조(溝) | 홈 |
| 미즈나오시 / 미즈나우시 (水直, みずなおし)→미싱하우스 | 물청소 |
| 미코미(みこみ) | 가망, 예상 |
| 민초(明朝) | [인쇄] 바탕체 |
| 바다모노 | 활극 |
| 바라스(ばらす) | 세트 거두기 |
| 바리캉 / 바리칸(バリカン, 프 bariquant) | 이발기 |
| 바카(馬鹿, ばか) | 바보 |
| 바케쓰/바께쓰(バケツ, 영 bucket) | 들통, 양동이 |
| 반카이 / 반까이/방까이(挽回, ばんかい) | 만회, 되채우기 |
| 밤바 / 반파(バンバー, 영 bumper)→범퍼 | 완충기, 완충대, 붙임이 |
| 방구미 / 반구미(番組, ばんぐみ) | 차례짜기 |
| 방카이(挽回) | 만회 |
| 방화(邦畵) | 국산영화 |
| 배터리(バッテリー, 영 battery) | 건전지, 전지, 축전지 |
| 베타(全面) | 바탕 |
| 변사(變死) | 횡사 |
| 보구미 | 줄짜기 |
| 보로터지다(ぼろ-) | 드러나다, 들통나다 |
| 보루방(ぼるばん) | 뚜레, 탁상 뚜레 |
| 보사시(棒指, ぼうさし) | 알림꾼, 안내원 |

| 순화 대상 | 순화어 |
|---|---|
| 보이상(boy-さん) | 사환, 접객원 |
| 보일러 / 보이라(ボイラー, boiler) | 증기통 |
| 보카시(暈し) | [촬영] 초점흐리기 |
| 복지리(鯸じる(河豚汁)) | 복국, 복맑은탕, 복싱건탕 |
| 부란자 / 후란지(フランジ, flange) | 테두리, 플랜지 |
| 부리키(ブリキ, 네 blik) | 양철, 함석 |
| 불고테 / 불고데(-鏝, -こて) | [미용] 인두, 머리인두, 불인두 |
| 불소(弗素) | 플루오르 |
| 불입(拂入) | 납부, 치름, 냄 |
| 빌로드 / 비로도(ビロード, 포 vel(l)udo) | 벨벳, 우단(羽緞) |
| 빙점(氷點) | 어는점 |
| 빠다 / 바타(バター, butter) | 버터 |
| 빠이롯트(pilot) | 조종사, 파일럿 |
| 뻰찌 / 펜치(ペンチ, 영 pinchers) | 자름집게, 쇠집게 |
| 뽀록나다(←ぼろ―) | 드러나다, 들통나다 |
| 뽀뿌라(ポプラ, ←poplar) | 포플러 |
| 뽀뿌린(ポプリン, ←poplin) | 포플린 |
| 뽐뿌(ポンプ, 네 pomp, 영 pump) | 무자위, 펌프 |
| 뿌라그(プラグ, ←plug) | 전기꽂개, 플러그 |
| 뿌라야(pliers) | 틀집게, 플라이어 |
| 삐빠(sand paper) | 사포, 속새 |
| 삥(포 pinta) | [화투] 일(1) |
| 사가리(←픽사리)(下がり, さがり) | [당구] 헛치기 |
| 사루비아(salvia) | 샐비어 |
| 사리(砂利) | 자갈 |
| 사시(指し) | ①가리키기, 가리킴 ②손찜 |
| 사시키(挿木, さしき) | 꺾꽂이 |
| 사양(仕様) | ①설명(서) ②품목 |
| 사양서(仕様書) | 설명서, 시방서 |
| 사와리(触り) | 촉감 |
| 사입(仕入) | 사기, 사들이기 |
| 사입선(仕入先) | 산곳, 살곳 |
| 사카다치(逆立) | 물구나무서기, 곤두서기 |
| 사키타마(先球, さきたま) | 앞공 |

| 순화 대상 | 순화어 |
|---|---|
| 사타마와리(さたまわり) | 하체부 |
| 삼마이(三枚) | 희극 배우 |
| 삼면기사(三面記事) | 사회 기사, 도막 기사 |
| 삼바이(棧橋) | 뜬다리, 선창 |
| 삽목(插木) | 꺾꽂이 |
| 상종가(上終價) | 상한가 |
| 새시(サッシュ, sash) | (알루미늄) 창틀, 문틀, 새시 |
| 색소(色素) | 물씨 |
| 샤쿠(시)(杓子) | 국자 |
| 석녀(石女) | 돌계집 |
| 석발미(石拔米) | 돌고른쌀 |
| 선반(旋盤) | 돌이판, 갈이판 |
| 선취(先取) | 먼저 얻음 |
| 세공(細工, さいく) | ①잔손질, 잔공업 ②공예 |
| 세라복(sailor-服) | 세일러복, 해군복 |
| 센누키(栓拔き) | 따개 |
| 센반/센방(旋盤, せんばん) | ①선반 ②갈이기계, 깎이틀 |
| 셉방(折半, せっぱん) | 반 가르기, 반타작 |
| 셔터/샷다(シャッター, shutter) | 덧닫이, 여닫개, 셔터 |
| 소라백(そらback) | 하늘 배경 |
| 소리바사미(そりばさみ) | [가위] 숱치개 |
| 소매(小賣) | 산매 |
| 소보루빵/소보로빵(そぼろ-) | 우둘투둘빵, 곰보빵 |
| 소사(小使) | 사환, 사동 |
| 소오도리(總取り) | 몽땅 사기 |
| 소토마키(外卷) | 바깥말이, 밭말이 |
| 쇼부/쇼오부(勝負, しょうぶ) | 흥정, 결판 |
| 쇼쿠빵/쇼빵(食, 食麵) | 식빵 |
| 쇼쿠캉(食罐, しょくかん) | 밥통 |
| 수갑(手匣) | 고랑, 쇠고랑 |
| 수반(首班) | 우두머리 |
| 수인(手引) | 길잡이 |
| 수입(手入) | 손질 |
| 수입고(輸入高) | 수입량 |

| 순화 대상 | 순화어 |
|---|---|
| 수지(樹脂) | 나뭇진 |
| 수지고(手持高) | 보유량 |
| 수출고(輸出高) | 수출량 |
| 순번(順番) | 차례 |
| 스나(①砂, すな / ②沙, さ) | 모래 |
| 스노모노 / 스모노(酢物, すのもの) | 초무침 |
| 스덴 / 스뎅 / 스텡(ステン(レス), 영 stainless) | 안녹쇠, 늘흰쇠, 녹막이강철, 스테인리스 |
| 스레토 / 스레뜨(slate) | 슬레이트 |
| 스리가라스(摺がラス, 네 -glas) | 흐림유리 |
| 스즈란핀(鈴蘭, -pin) | 구슬핀 |
| 스탄푸/스탐뿌(スタンプ, 영 stamp) | 잉크판, 양버루, 스탬프 |
| 스택키 | 재차받기 |
| 스텟키 / 스데끼(stick) | 막대기 |
| 스파나 / 스빠나(spanner) | 나사틀이, 스패너 |
| 슨포 / 슴뽀(寸法, すんぽう) | 치수 |
| 승차권(乘車券) | 차표 |
| 승환(乘換) | 갈아타기 |
| 시건장치(施鍵裝置) | 잠금장치 |
| 시다가리 / 시타카리(したかり) | 밑돌리기 |
| 시다누리 / 시타누리(したぬり) | 애벌칠 |
| 시다테 / 시타테(下手, したて) | 짓기, 만들기, 보조공 |
| 시로 / 히로(白, しろ) | [당구] 흰공맞기, 흰공 |
| 시로누키 / 시로누끼(白拔, しろぬき) | ①흰색 ②[인쇄] 흰 글씨, 음각, 음각문자 |
| 시마리 / 히마리(締, しまり) | 맥 |
| 시메가네(締金, しめがね) | 죔쇠 |
| 시바이(芝居, しばい) | 연극 |
| 시사(示唆) | 귀띔, 암시, 일러 줌 |
| 시타바리(下張(り)) | 밑일꾼, 곁꾼, 보조원 [극장] 아랫종이, 밑종이 |
| 시타카바 / 시타커버(下(した)-cover) | 기름받이 |
| 신와리(←scene 割り) | 장면 나누기 |
| 신입(新込) | 신청, 청약 |

| 순화 대상 | 순화어 |
|---|---|
| 신추방(眞鍮板, しんちゅう-) | 놋쇠판 |
| 신켄쇼부(眞劍勝負, しんけんしょうぶ) | 생사 겨루기 |
| 심보오(心棒, しんぼう) | 굴대 |
| 십팔번(十八番) | 단골 장기, 단골 노래 |
| 싱(芯, しん) | 심, 심지, 속 |
| 쎈타 / 쎈터 / 센터(センター, 영 center) | 본부, 중앙, 중심(지), 회관, -점, -집, -전, -소 |
| 쓰루하시 | 곡괭이 |
| 쓰리 / 스리(掏摸, すり) | 소매치기 |
| 쓰메에리(詰襟, つめえり) | 깃닫이, 깃닫이 양복 |
| 쓰미(積, つみ) | 벽돌공, 벽돌쌓기 |
| 쓰부(다이아)(粒(diamond)) | 알갱이(다이아몬드) |
| 쓰키아이(付合, つきあい) | 나누기, 몫나누기 |
| 쓰키키리(突切, つききり) | 단번치기, 딱자름 |
| 쓰키하사미 / 스키하사미(すきはまし) | 톱니가위 |
| 아게(揚, あげ) | 튀김 |
| 아라쓰나기(荒繋, あらつなぎ) | 대충 편집 |
| 아라이(洗, あらい) | 설거지 |
| 아라이바(洗場, あらいば) | 개수대 |
| 아라이통(洗桶, あらい-) | 설거지통 |
| 아마가키(甘枾, あまがき) | 단감 |
| 아마모노(甘物, あまもの) | 애정극 |
| 아미메(あみめ) | 그물눈 |
| 아시(足, あし) | 삼각대 |
| 아와세(合せ) | [낚시] 채기 |
| 아이테(相手, あいて) | 상대, 적수 |
| 아카노리(赤乘, あかのり) | 빨강치기 |
| 아카다시(赤出汁, あかだしじる) | 된장국 |
| 아카랭이(赤煉瓦) | 붉은벽돌 |
| 아카반 / 아카방 / 아까방(赤番, あかばん) | 붉은 번호 |
| 아카징키 / 아까징끼(赤丁幾, あかチンキ, 독 Tinktur) | 머큐로크롬, 빨간약 |
| 아키포스타(空poster) | 거두 광고지 |
| 아타마 / 아다마(頭, あたま) | 머리 |

| 순화 대상 | 순화어 |
|---|---|
| 아토마와시 / 아다마시(後廻, あとまわし) | 미룸 |
| 아토특구 | 막간 거리, 막간 거리굿 |
| 알랑방귀 | 아첨 |
| 압정(押釘) | 누름못 |
| 앙꼬 / 안코(餡子, あんこ) | 팥소 |
| 앙꼬모치 / 안코모치(餡子餠, あんこもち) | 찹쌀떡 |
| 앙꼬빵(餡子-, あんこ-) | 팥빵, 팥소빵 |
| 야리쿠리(遺繰, やりくり) | 둘러대기, 꾸며대기 |
| 야마시꾼(山師-, やまし-) | 사기꾼 |
| 야키니쿠(燒肉, やきにく) | 불고기 |
| 양도(讓渡) | 넘겨주기 |
| 양생(養生) | [건설] 굳히기 |
| 양자(陽子) | 양성자 |
| 양체(兩替) | 환전, 돈바꾸기, 외국돈 바꾸기 |
| 어획고(漁獲高) | 어획량 |
| 에노구 / 에누꾸(繪の具, えのぐ) | 그림물감 |
| 에로(erotic) | 선정, 선정적 |
| 에비 후라이(蝦-, えびフライ, -fry) | 새우튀김 |
| 엑기스 / 엑키스 / 에키스(네 extract) | 진액 |
| 엔토쓰(煙突, えんとつ) | 굴뚝 |
| 엥게지 / 인게이지(エンゲージ, engage) | 약혼 |
| 엥게지반지 / 인게이지반지 (エンゲージ斑指, engage斑指) | 약혼반지 |
| 여비(旅費) | 노자 |
| 역할(役割, やくわり) | 소임, 구실, 노릇, 할일 |
| 연면적(延面積) | 총면적 |
| 연인원(延人員) | 총인원 |
| 연착(延着) | 늦도착 |
| 엽기적(獵奇的) | 괴기적 |
| 엽연초(葉煙草, 포 tabaco) | 잎담배 |
| 오구미(大組, おおぐみ) | 판짜기 |
| 오니(鬼, おに) | 술래 |
| 오니핀(鬼-, おに pin) | 술래핀 |
| 오리자쿠(折尺) | 접자, 접이자 |

| 순화 대상 | 순화어 |
|---|---|
| 오마와시(大廻, おまわし) | [당구] 크게 돌리기 |
| 오바 / 오오바(大羽, おおば) | 큰 멸치 |
| 오방떡(大判) | 왕풀빵 |
| 오수리 | 큰 수리, 대수리 |
| 오시(押, おし) | [당구] 밀어치기 |
| 오야 미터(おや meter) | 주계량기 |
| 오이루(oil) | 기름, 오일 |
| 오이루 캉(←oil can) | 기름통 |
| 오이리(大入, おおいり) | 만원사례 |
| 오이코시(追越, おいこし) | 앞지르기 |
| 오자미 | 놀이주머니 |
| 오쿠리(送り) | 넘김, 옮김 |
| 오쿠쯔께(奧付) | 판권, 판권장 |
| 오테(大商業者, 大手者, おおて) | 큰 거래인, 큰 장수 |
| 오토시(おとし) | 저속 촬영, 느린 찍기 |
| 오토아와세(おとあわせ) | 소리 맞춤 |
| 올드미스(old miss) | 노처녀 |
| 와꾸(わく) | 틀 |
| 와리(割, わり) | 노늠, 구문 |
| 와키야쿠(脇役, わきやく) | 조연 |
| 왔다리갔다리 | 왔다갔다 |
| 요고레(汚れ) | 때, 때묻음 |
| 요구(よおく) | 갈고리 |
| 요다시(用足し) | 용달 |
| 요마비(腰痲痺) | 허리 마비 |
| 요세타마(寄球, よせたま) | [당구] 모으기 |
| 요캉 / 요깡(洋羹, ようかん) | 단묵 |
| 요코도리(よこどり) | 가로채기, 새치기 |
| 요코마키(橫卷, よこまき) | 가로말이 |
| 요코메(橫目, よこめ) | 가롯결 |
| 요코비키(橫引, よこびき) | 옆끌기 |
| 용달(用達) | 심부름 |
| 우가이(嗽, うがい) | 목가심 |
| 우동다마(うどん玉) | 사리, 국수사리 |

| 순화 대상 | 순화어 |
|---|---|
| 우라 (마와시)(裏廻) | [당구] 뒤돌리기 |
| 우라고미 | 뒤채움 |
| 우라마와시(裏廻し) | 뒤돌리기 |
| 우리와타시(賣渡, うりわたし) | 팔아넘김 |
| 우인지방(←winch方) | 기중기 조종원 |
| 우치다이(うちたい) | 밑판 |
| 우치마키(內卷, うちまき) | 안말이 |
| 우케토리(請取) | 도맡기 |
| 우쿠츠케(うくつけ) | 판권, 판권장 |
| 운임(運賃) | 찻삯, 짐삯 |
| 운전수(運轉手) | 운전사, 운전기사 |
| 원금(元金) | 본전, 본밑 |
| 원망(願望) | 소원, 바람 |
| 원족(遠足) | 소풍 |
| 위체(かわせ) | 환 |
| 위촉(委囑) | 맡김 |
| 유산(硫酸) | 황산 |
| 유지(油脂) | 기름 |
| 유착(癒着) | 엉겨붙기 |
| 유황(硫黃) | 황 |
| 윤중제(輪中堤) | 섬둑 |
| 융통(融通) | 변통 |
| 이가타(鑄型, いがた) | 거푸집 |
| 이레고미(いれこみ) | 손님 부르기, 호객 |
| 이로즈리(色刷, いろずり) | 색인쇄, 색깔인쇄 |
| 이분가리(二分刈) | 두푼 깎기 |
| 이자(利子) | 길미, 변, 변리 |
| 이지메(いじめ) | 집단 괴롭힘 |
| 이카 / 이까(烏賊, いか) | 오징어 |
| 이키(いき) | 되살이 |
| 이타바 / 이다바(板場, いたば) | 숙수 |
| 익년(翌年) | 다음해, 이듬해 |
| 익월(翌月) | 다음달 |
| 익일(翌日) | 다음날, 이튿날 |

| 순화 대상 | 순화어 |
|---|---|
| 인계(引繼) | 넘겨줌 |
| 인도(引渡) | 건네줌 |
| 인상(引上) | 올림, 값올림 |
| 인수(引受) | 넘겨받음 |
| 인출(引出) | 찾음, 돈찾음 |
| 인치키(いんちき) | 속임수, 야바위 |
| 인하(引下) | 내림, 값내림 |
| 일수(一手) | 독점 |
| 일응(一應) | 일단 |
| 일조(日照) | 볕쬠 |
| 일조권(日照權) | 볕쬠권리 |
| 일착(一着) | 한 벌 |
| 임금(賃金) | 삯, 품삯 |
| 입구(入口) | 들어오는곳, 어귀, 들목 |
| 입회(立會) | 참여, 참관 |
| 잉꼬부부(鸚哥夫婦) | 원앙 부부 |
| 잉여(剩餘) | 나머지 |
| 자완무시 / 자왕무시(←자무시)<br>(일 茶碗蒸し) | 계란찜 |
| 자장(磁場) | 자기장 |
| 자쿠(←chuck) | 줄물리개 |
| 잔반(殘飯) | 남은 밥, 음식찌꺼기 |
| 잔반통(殘飯筒) | 음식찌꺼기 통 |
| 잔업(殘業) | 시간외 일 |
| 저리(低利) | 싼변 |
| 적립(積立) | 모음, 모아쌓음 |
| 적자(赤字) | 결손 |
| 전향적(前向的) | 적극적, 진취적, 앞서감 |
| 절상(切上) | 올림 |
| 절취선(截取線) | 자름선 |
| 절하(切下) | 내림, 떼어 버리다 |
| 점두(店頭) | [경제] 장외(場外) |
| 정부(正否) | 옳고 그름 |
| 정찰(正札) | 제값표 |

| 순화 대상 | 순화어 |
|---|---|
| 정찰제(正札制) | 제값받기 |
| 제본(製本) | 책매기 |
| 제전(祭典) | 축전, 잔치, 큰잔치 |
| 젠다이(膳台) | 차선반 |
| 젠자이 / 젠사이(善哉) | 단팥죽 |
| 조달(調達) | 대어줌, 마련함 |
| 조립(組立) | 짜기, 짜맞추기 |
| 조바(帳場, ちょうば) | 계산대 |
| 조반 / 조방(丁番, ちょうばん) | 경첩 |
| 조쿠비키(直引) | 바로끌기 |
| 종지부(終止符) | 마침표 |
| 주부(チューブ, ←tube) | 튜브 |
| 준세이(じゅんせい) | 신품, 순제품 |
| 지리(汁, しる) | 싱건탕, 맑은탕 |
| 지리멸(じり-) | 애멸치 |
| 지마에(じまえ) | 자기것 |
| 지불(支拂) | 지급, 치름 |
| 지쓰라(字面, じづら) | [인쇄] 인면 |
| 지양(止揚) | [철학] 삼감, 벗어남 |
| 지참(持參) | 지니고 옴 |
| 진검승부(眞劍勝負) | 생사겨루기 |
| 집중호우(集中豪雨) | 작달비, 장대비 |
| 찌찌 / 쭈쭈(乳) | 젖 |
| 차단스(茶簞笥, ちゃだんす) | 찻장(茶欌), 찬장 |
| 차입(差入, さしいれ) | 넣어 줌, 옥바라지 |
| 차장(車掌) | 승무원 |
| 차치모리(鋒盛) | 모듬 요리 |
| 체적(體積) | 부피 |
| 축제(祝祭) | 축전, 큰잔치 |
| 출구(出口) | 나가는곳, 날목 |
| 취급(取扱) | 다룸 |
| 취입(吹入) | 녹음 |
| 취조(取調) | 문초 |
| 취체(取替) | 갈아대기 |

| 순화 대상 | 순화어 |
|---|---|
| 취체(取締) | 단속 |
| 취하(取下) | 무름, 철회 |
| 치라시(散らし) | [미용] 전단, 광고지, 흩임머리 |
| 칠부 바지(七分) | 칠푼 바지 |
| 카도(角) | 모퉁이 |
| 카라마와리(からまわり) | 헛돌기 |
| 카렌다(カレンダー, calendar) | 달력, 캘린더 |
| 카리즈리(仮刷, かりずり) | 애벌찍기 |
| 카미소리(剃刀, かみそり) | 면도기, 면도, 면도칼, 면도날 |
| 카미소리 브러시(剃刀 brush, かみそりー) | 면도솔 |
| 카부(カーブ, 영 curve) | 굽이, 굽이길, 굽은길 |
| 카부시키(かぶしき) | 주식, 추렴 |
| 카사(笠, かさ) | 우산, 갓 |
| 카쓰라(かつら) | 가발 |
| 카에(かえ) | [인쇄] 갈아 |
| 카에다마(かえだま) | 대역 |
| 카에리(返り) | 돌아오기 |
| 카에시카토(返し cut) | [영화] 반대편찍기 |
| 카오(かお) | 얼굴, 체면 |
| 카오(箱子) | 바구니 |
| 카와세(爲替, かわせ) | 환 |
| 카이당(階段) | 층계, 층층대 |
| 카이셍 / 카이센토(回旋塔, かいせんとう) | 술래잡기 |
| 카자리(かざり) | 꾸밈, 장식 |
| 카카리(係) | 담당 |
| 카케모치(掛持ち) | [영화] 겹치기 |
| 카케판치(かけ punch) | [영화] 시작표시 |
| 카케표(×表) | 가새표 |
| 카타(型) | 골, 틀, 판 |
| 카타 밥(型-) | 틀밥, 찍은 밥 |
| 카타마애(片前, かたまえ) | 외줄 |
| 카타와쿠(型枠, かたわく) | 거푸집 |
| 카타즈케(かたづけ) | 마무리 |
| 카타카케(肩掛) | 어깨 두르개 |

| 순화 대상 | 순화어 |
|---|---|
| 카타키(かたき) | [영화] 악역 |
| 칸조(勘定, かんじょう) | 셈, 계산 |
| 칸조키(かんじょうがき) | 계산서 |
| 칸지(かんじ) | 느낌 |
| 칸테키(かんてき) | 화덕, 풍로 |
| 갑부(カップ ←cup) | [미용] 비누그릇 |
| 컨스트럭션(construction) | 구성 |
| 컬(curl) | [미용] 겉인두 |
| 케바리(毛鉤, けばり) | 털낚시 |
| 케쓰아가리(けつあがり) | [영화] 끝오름세 |
| 케쓰판치(けつ punch) | [영화] 끝표시 |
| 케하라이(毛拂, けはらい) | 털이솔 |
| 켄세이(牽制) | 견제 |
| 켄시(犬齒, けんし) | 송곳니 |
| 켐마(硏磨, けんま) | 연마 |
| 켕와케(けんわけ) | 권 나누기 |
| 코미터(こmeter) | 부계량기 |
| 코야쿠(子役, こやく) | 아역, 어린이역 |
| 코어(core) | [담배] 심 |
| 코에타테(聲立て) | 앞소리 |
| 코테(鏝, こて) | 인두, 인두질, 흙손 |
| 코테다이(鏝台, こてだい) | 인두대 |
| 코테도리(鏝取, こてどり) | 인두 시종 |
| 코테아이롱(鏝iron, こてー) | 머리인두 |
| 코푸(←cup) | 컵 |
| 콘로(焜爐) | 풍로, 화로 |
| 콘조오(根性) | 근성 |
| 콤마도리(comma取り) | [영화] 낱장 찍기 |
| 쿠다리(くだり) | [영화] 대목, 마디 |
| 쿠로누키(黑拔, くろぬき) | 검게(뽑기) |
| 쿠로오도(くろうど) | 익수, 능수, 전문가 |
| 쿠리이시(要石, くりいし) | 자갈, 밤자갈 |
| 쿠지비키(籤引) | 제비뽑기, 추첨 |
| 쿠치(口) | 몫 |

| 순화 대상 | 순화어 |
|---|---|
| 쿠치베니(口紅) | 연지 |
| 쿡(cook) | 숙수, 조리사 |
| 큐우 부레키(きゅう brake) | 급정거, 급제동 |
| 크락숀(クラクション, klaxon) | 경적, 클랙슨 |
| 키도아게(木戸あげ) | 입장 마감 |
| 키레파시(切端) | [인쇄] 끄트러기 |
| 키리누케(きりぬけ) | [영화] 입체 간판 |
| 키리비키(切引) | 깎아끌기 |
| 키리스테(切捨) | 잘라냄 |
| 키리오시(切押) | 깎아밀기 |
| 키리카에시(切返) | 되오게 치기 |
| 킨다마(金玉, きんたま) | 쉬운 공 |
| 타스(ダース, ←dozen) | 12개, 타(打) |
| 타와시(たわし) | 솔, 수세미 |
| 타치니마이(立ちにまい) | [영화] 조연 |
| 타치미(たちみ) | 서서 보기(입석 관객) |
| 타케바시(竹箸, たけばし) | 대젓가락 |
| 타케자오(竹竿) | 대장대 |
| 타테(建) | 가려놓기 |
| 타테마키(縱卷) | 세로말이 |
| 탄스(簞笥) | 탄력 설 |
| 태구레코마미싱 | [영화] 자기녹음기 |
| 택배(宅配) | 집배달, 문앞배달 |
| 터키탕(Turkey-湯) | 증기탕 |
| 테모치(手持ち) | [영화] 들고찍기 |
| 테우치(てうち) | 직영 |
| 테팡(てっぱん) | 철판 |
| 텍킹 / 뎃킨(てっきん) | 철근 |
| 텐비키(天引き) | [영화] 선공제, 우선공제 |
| 텐캉(轉換, てんかん) | [영화] 세트바꾸기 |
| 토리나오시(とりなおし) | 다시찍기, 재촬영 |
| 토메핀(留pin) | 묶음핀 |
| 통달(通達) | 알림, 통첩 |
| 팔부 바지(八分-) | 팔푼 바지 |

| 순화 대상 | 순화어 |
|---|---|
| 팡킹 / 반킨(ばんきん、板金) | 판금 |
| 팬사라 | 팬 받침 |
| 퍼스컴(personal computer) | 개인용 컴퓨터 |
| 편물(編物) | 뜨개것 |
| 평영(平泳, ひらおよぎ) | 개구리헤엄 |
| 품절(品切) | 없음, 동남 |
| 핀보케(←pint ぼけ) | 뽑아냄 |
| 하구언(河口堰) | 강어귀 둑 |
| 하다가네(はだ金) | 끼움쇠 |
| 하도메(はどめ) | 굄 |
| 하라마키(はらまき) | 배두르개, 배두렁이 |
| 하락세(下落勢) | 내림세 |
| 하모노(端物) | 자투리 |
| 하사미(鋏) | 가위, 이발가위 |
| 하종가(下終價) | 하한가 |
| 하청(下請) | 아랫도급, 밑도급 |
| 하치장(荷置場) | 짐두는곳, 짐부리는곳 |
| 하코(마와시)(箱廻し) | [당구] 귀놀리기 |
| 하코짝(箱) | 상자 |
| 하코카타(箱型) | 상자형 |
| 하쿠메(はくめ) | 열냥 쭝 |
| 하파(←半端) | 보조원 |
| 한마키(-まき) | 한 말이 |
| 한쓰봉 / 한즈본(半ズボン, はんズボン, 프 -jupon) | 반바지 |
| 한텐가에시 | 반전 |
| 한파 / 한빠(半端, はんぱ) | ①우수리, 덜들이, 찌꺼기 ②보조원 |
| 할당(割當) | 몫나누기, 벼름, 배정 |
| 할인(割引) | 덜이 |
| 함마 / 한마<해머(ハンマー, 영 hammer) | 망치, 큰 망치, 쇠망치 |
| 함마키 / 한마키(半卷き) | 반말이 |
| 합승(合乘) | 함께타기 |
| 항카치 | 손수건 |

| 순화 대상 | 순화어 |
|---|---|
| 핸케이(へんけい) | 변체 |
| 햐쿠메(ひゃくめ) | 열 냥 쭝 |
| 헤라(篦, へら) | 주걱, 구둣주걱 |
| 호꾸/호크 / 홋쿠(ホック, 네 hock, 영 hook) | 깍지단추, 똑딱단추, 걸단추 |
| 호렌소(菠薐草, ほうれんそう) | 시금치 |
| 호로(幌, ほろ) | 덮개, 포장, 휘장 |
| 호리가타 / 호리가따(堀型, ほりがた) | 골파기, 터파기, 땅속틀 |
| 호조(好調, こうちょう) | ①좋은 가락새 ②순조 ③(경제) 오를 기세 |
| 호쵸(庖丁, ほうちょう) | 식칼 |
| 혹성(惑星) | 행성 |
| 혼모노(本物, ほんもの) | 진짜, 진짜물건, 실물 |
| 혼화(混和) | 섞음 |
| 홈마키(本卷き, ほんまき) | 원말이 |
| 홈스판 / 호무스판(ホームスパン, homespun) | 홈스펀 |
| 후다쓰아마다레(ふたすあまだれ) | 겹느낌표 |
| 후세지(ふせじ) | [인쇄] 복자 |
| 후케(更け) | [영화] 노인역 |
| 후케도리(雲脂取, ふけどり) | 글겅이 |
| 후쿠로 / 후꾸로(袋, ふくろ) | 호주머니, 주머니, 자루 |
| 후키쓰케(吹付) | 뿜질, 뿜칠 |
| 후타(札) | 쪽지 |
| 후타도메(札止) | [영화] 매표 중지, [수산업] 거래 중지 |
| 후토 산가쿠(ふとさんかく) | 고딕세모 |
| 후토 시로비시(ふとしろびし) | 겹마름모 |
| 휴즈(ヒューズ, fuse) | 퓨즈 |
| 히니쿠(皮肉, ひにく) | 흉보기, 비웃기, 비아냥 |
| 히야무기(冷麥, ひやむぎ) | 냉국수 |
| 히야시 / 시야시(冷, ひやし) | 차게 함, 차게 하기, 채움 |
| 히카케(←draw) | 끌기 |
| 히키(引き) | [당구] 끌어치기 |

| 순화 대상 | 순화어 |
|---|---|
| 히키사게(ひきさげ) | 내림 |
| 힛카케 / 시까끼(引掛け) | [당구] 걸어치기 |
| 힛코미(引込み) | 끌어들이기 |
| 힛코미셍(引込線, ひっこみせん) | 끌어들임 줄, 끌어들임 선 |

| 순화 대상 | 순화어 |
|---|---|
| 가비지(garbage) | 쓰레기 |
| 게이트(gate) | 문 |
| 게임(game) | 놀이 |
| 고투(goto) | 가기 |
| 고투 스테이트먼트(goto statement) | 가기문 |
| 그래머(grammar) | 문법 |
| 그래프(graph) | 도표 |
| 그래픽(graphic) | 그림 |
| 그래픽 디스플레이(graphic display) | 그림 표시 |
| 그래픽 디스플레이 디바이스(graphic display device) | 그림 표시 장치 |
| 그래픽 디스플레이 모드(graphic display mode) | 그림 표시 방식 |
| 그래픽스(graphics) | 그림 인쇄 |
| 그래픽 이미지(graphic image) | 그림 영상 |
| 그래픽 프로그램(graphic program) | 그림 풀그림, 그림 프로그램 |
| 그룹(group) | 집단 |
| 그리드(grid) | 격자 |
| 글로벌(global) | 전역, 전역적 |
| 글로벌 베리어블(global variable) | 전역 변수 |
| 글로벌 서치 앤드 리플레이스(global search and replace) | 전역 찾아 바꾸기 |
| 난발러털(nonvolatile) | 비휘발성 |
| 낫(NOT) | 아니 |
| 낫 오퍼레이션(NOT operation) | 아니셈, 낫셈 |
| 내츄럴 랭귀지(natural language) | 자연 언어 |
| 낸드(NAND : not AND) | 아니또 |
| 낸드 게이트(NAND gate) | 아니또문, 낸드문 |
| 낸드 오퍼레이션(NAND operation) | 아니또셈, 낸드셈 |
| 널(null) | 빈, 공백 |
| 널 스트링(null string) | 빈 문자열 |
| 널 캐릭터(null character) | 빈문자 |
| 넘 록 키(num lock key) | 숫자 걸쇠 |
| 넘버(number) | 숫자 |

| 순화 대상 | 순화어 |
|---|---|
| 네거티브 로직(negative logic) | 음 논리 |
| 네스티드 서브루틴(nested subroutine) | 안긴 아랫경로 |
| 네임(name) | 이름 |
| 네트워크(network) | 통신망 |
| 노드(node) | 마디, 교점 |
| 노멀(normal) | 정규 |
| 노어(NOR) | 아니또는 |
| 노어 게이트(NOR gate) | 아니또는문, 노어문 |
| 노어 오퍼레이션(NOR operation) | 아니또는셈, 노어셈 |
| 노이즈(noise) | 잡음 |
| 노테이션(notation) | 표기법 |
| 노트북 컴퓨터(notebook computer) | 책크기 전산기 |
| 노하우(know-how) | 비법 |
| 논임팩트 프린터(nonimpact printer) | 안때림 인쇄기, 비충격 인쇄기 |
| 놈(norm) | 기준 |
| 뉴라인(newline) | 새줄 |
| 뉴럴 네트(neural net) | 신경망 |
| 뉴럴 네트워크(neural network) | 신경(통신)망 |
| 뉴메리컬 키패드(numerical keypad) | 숫자판 |
| 뉴메릭(numeric) | 숫자(적) |
| 뉴메릭 키패드(numeric keypad) | 숫자판 |
| 니게이트(negate) | 부정하다 |
| 니마닉스(mnemonics) | 연상 기호 |
| 닐(nil) | 없음 |
| 닐 포인터(nil pointer) | 없음알리개 |
| 다운(down) | 고장 |
| 다운로드(download) | 올려받기 |
| 다이내믹(dynamic) | 동적 |
| 다이내믹 메모리(dynamic memory) | 동적 기억장치 |
| 다이렉트 메모리 액세스 (direct memory access) | 기억장치 직(접)접근 |
| 다이렉트 어드레스(direct address) | 직접 주소, 직접 번지 |
| 다이어그노스틱(diagnostic routine) | 진단 경로 |
| 다이어그노스틱스(diagnostics) | 진단 |

| 순화 대상 | 순화어 |
| --- | --- |
| 다이어그램(diagram) | 도표 |
| 다이얼(dial) | 번호판 |
| 다이얼로그(dialogue) | 대화 |
| 다이얼로그 박스(dialogue box) | 대화 상자 |
| 다이얼링(dial(l)ing) | 번호부르기 |
| 다이얼 업 모뎀(dial-up modem) | 전화식 (전산) 통신기 |
| 더미(dummy) | 시늉 |
| 더미 스테이트먼트(dummy statement) | 시늉문 |
| 더미 아규먼트(dummy argument) | 시늉 인수 |
| 더미 인스트럭션(dummy instruction) | 시늉 명령 |
| 더블 덴서티(double-density) | 두배 밀도 |
| 더블 사이디드 디스크(double-sided disk) | 양면판, 양면 저장판 |
| 더블 클릭(double click) | 딸깍딸깍, 두번딸깍 |
| 더블 프리시전(double-precision) | 두배 정밀도 |
| 덤 터미널(dumb terminal) | 벙어리 단말기 |
| 덤프(dump) | 떠붓다, 떠붓기 |
| 데드라인(deadline) | 기한 |
| 데드락(deadlock) | 수렁, 교착 |
| 데모 프로그램(demo program) | 전시 풀그림, 전시 프로그램 |
| 데스크탑(desktop) | 탁상 |
| 데스크탑 컴퓨터(desktop computer) | 탁상 전산기 |
| 데스크탑 퍼블리싱<br>　　(desktop publishing : DTP) | 전자 출판 |
| 데스크탑 퍼블리싱 프로그램<br>　　(desktop publishing program) | 전자 출판 풀그림,<br>전자 출판프로그램 |
| 데스터네이션(destination) | 끝점 |
| 데시멀(decimal) | 십진의 |
| 데시멀 넘버(decimal number) | 십진수 |
| 데이터(data) | 자료 |
| 데이터뱅크(databank) | 자료 은행 |
| 데이터 버스(data bus) | 자료 버스 |
| 데이터베이스(database) | 자료틀, 자료기지 |
| 데이터베이스 매니지먼트 시스템<br>　(database management system : DBMS) | 자료틀 관리 체계,<br>자료기지 관리 체계 |

| 순화 대상 | 순화어 |
|---|---|
| 데이터 스트럭처(data structure) | 자료 구조 |
| 데이터 커뮤니케이션(data communication) | 자료 통신 |
| 데이터 커뮤니케이션 네트워크<br>(data communication network) | 자료 통신망 |
| 데이터 컨버전(data conversion) | 자료 변환 |
| 데이터 타입(data type) | 자료 유형 |
| 데이터 트랜스미션(data transmission) | 자료 내보냄, 자료 전송 |
| 데이터 트랜스미션 채널<br>(data transmission channel) | 자료 내보냄 통신로 |
| 데이터 트랜스퍼(data transfer) | 자료 옮김, 자료 이송 |
| 데이터 트랜스퍼 레이트(data transfer rate) | 자료 옮김 속도 |
| 데이터 파일(data file) | 자료철 |
| 데이터 프로세싱(data processing) | 자료 처리 |
| 데크(deck) | 대(臺) |
| 데클러레이션(declaration) | 선언 |
| 데퍼니션(definition) | 정의 |
| 덴서티(density) | 밀도 |
| 델(DEL : delete) | 지움 |
| 도스(DOS : disk operating system) | 판 운영 체계,<br>저장판 운영 체계 |
| 도큐먼트(document) | 문서 |
| 도큐멘테이션(documentation) | 문서화 |
| 도트(dot) | 점 |
| 도트 매트릭스(dot matrix) | 점행렬 |
| 도트 매트릭스 프린터(dot matrix printer) | 점행렬 인쇄기 |
| 도트 프린터(dot printer) | 점인쇄기 |
| 도트>[복수]도츠((영)) / 닷스((미)) 퍼 인치<br>(dots per inch : dpi) | 인치당 점/도트의 수 |
| 듀얼(dual) | 이중 |
| 듀얼 오퍼레이션(dual operation) | 이중 작동 |
| 듀플렉스(duplex) | 양방 |
| 듀플렉스 모뎀(duplex modem) | 양방 전산 통신기 |
| 듀플리케이트(duplicate) | 복제 |
| 드라이버(driver) | 돌리개 |

| 순화 대상 | 순화어 |
|---|---|
| 드라이브(drive) | 돌리개 |
| 드래그(drag) | 끌기 |
| 드래프트(draft) | 초안 |
| 드럼(drum) | 북 |
| 드로잉(drawing) | 그림, 그리기 |
| 디 램(d-RAM : dynamic RAM) | 동적 막기억장치 |
| 디렉터리>디렉토리(directory) | 자료방 |
| 디멘션(dimension) | 차원 |
| 디모듈레이터(demodulator) | 복조기 |
| 디바이스(device) | 장치 |
| 디바이스 드라이버(device driver) | 장치 돌리개 |
| 디바이스 인디펜던트(device independent) | 장치와 무관한 |
| 디바이저 / 디바이절(divisor) | 나눔수 |
| 디버거(debugger) | 벌레잡이 |
| 디버그(debug) | 벌레잡기 |
| 디버깅(debugging) | 벌레잡기 |
| 디비덴드(dividend) | 나뉨수 |
| 디비엠에스(DBMS : database management system) | 자료틀 관리 체계, 자료기지 관리 체계 |
| 디비전(division) | 나눗셈 |
| 디서셈블러(disassembler) | 뜯어풀개 |
| 디세이블(disable) | 불능 |
| 디센딩 소트(descending sort) | 내림 차례짓기 |
| 디스커넥트(disconnect) | 끊기 |
| 디스켓(diskette) | 판, 저장판 |
| 디스크(disk) | 저장판 |
| 디스크 드라이브(disk drive) | 판 돌리개, 저장판 돌리개 |
| 디스크리트(discrete) | 불연속형 |
| 디스크립션(description) | 기술 |
| 디스크 버퍼(disk buffer) | 판 사이칸, 저장판 사이칸 |
| 디스크 볼륨(disk volume) | 판 용량, 저장판 용량 |
| 디스크 섹터(disk sector) | 판 테조각, 저장판 테조각 |
| 디스크 액세스(disk access) | 판 접근, 저장판 접근 |
| 디스크 액세스 타임(disk access time) | 판 접근 시간, 저장판 접근 시간 |

| 순화 대상 | 순화어 |
|---|---|
| 디스크 오퍼레이팅 시스템 (disk operating system) | 저장판 운영 체계, 디스크 운영 체계 |
| 디스크 캐시(disk cache) | 판 시렁, 저장판 시렁 |
| 디스플레이(display) | 화면 표시 |
| 디스플레이 디바이스(display device) | 화면 표시 장치 |
| 디스플레이 모드(display mode) | 화면 표시 방식 |
| 디스플레이 어댑터 (display adapter / display adaptor) | 화면 표시 맞춤틀, 접합기 화면 표시 |
| 디시(DC : direct current) | 직류 |
| 디아이아르(DIR) | 방보이기, 자료방보이기 |
| 디에이 컨버터(D/A convertor : digital to analog convertor) | 수치 연속 변환기 |
| 디엠에이(DMA : direct memory access) | 기억 직(접) 접근 |
| 디자인(design) | 설계 |
| 디지타이저(digitizer) | 수치기 |
| 디지타이즈(digitize) | 수치화하다, 디지털화하다 |
| 디지털(digital) | 수치형 |
| 디지털 시그널(digital signal) | 수치형 신호, 디지털 신호 |
| 디지털 컴퓨터(digital computer) | 수치형 전산기, 디지털 전산기 |
| 디지트(digit) | 숫자, 수치 |
| 디코더(decoder) | 복호기, 부호 새김기 |
| 디코드(decode) | 복호, 부호 새김 |
| 디크립션(decryption) | 암호풀기 |
| 디티피(DTP : desktop publishing) | 전자 출판 |
| 디폴트 드라이버(default driver) | 애초 돌리개, 애초 드라이브 |
| 디폴트 밸류(default value) | 애초값 |
| 디피아이(dpi : dot per inch) | 인치당 점/도트의 수 |
| 딜레이(delay) | 늦춤 |
| 딜리미터(delimiter) | 구분 문자 |
| 딜리트(delete) | 지우기 |
| 딜리트 캐릭터(delete character) | 지움 문자 |
| 딜리트 키(delete key) | 지움쇠, 지움글쇠, 지움키 |
| 라벨(label) | 이름표 |
| 라벨링(labeling / labelling) | 이름표 달기 |

| 순화 대상 | 순화어 |
| --- | --- |
| 라스트 드라이브(LAST DRIVE) | 마지막 돌리개 |
| 라스트 인 라스트 아웃(last-in last-out) | 끝나중내기 |
| 라스트 인 퍼스트 아웃(last-in first-out) | 끝먼저내기 |
| 라운드(round) | 맺음 |
| 라운드 다운(round down) | 버림 |
| 라운드 업(round up) | 올림 |
| 라운드 오프(round off) | 반올림 |
| 라이브러리(library) | 자료관 |
| 라이트(write) | 쓰다, 쓰기 |
| 라이트 얼라인먼트(right alignment) | 오른줄 맞춤 |
| 라이트 펜(light pen) | 광전펜 |
| 라이트 프로텍트(write protect) | 쓰기 방지 |
| 라이트 헤드(write head) | 쓰기 머리틀 |
| 라이프 사이클(life-cycle) | 수명 |
| 라인(line) | 선, 줄, 회선 |
| 라인 넘버(line number) | 줄 번호 |
| 라인 스페이싱(line spacing) | 줄띄우기 |
| 라인 에디터(line editor) | 줄 편집기, 줄단위 편집기 |
| 라인 에디팅(line editing) | 줄 편집, 줄단위 편집 |
| 라인즈 퍼 세컨드<br>　　(lines per second : LPS) | 초당 행/줄의 수 |
| 라인즈 퍼 인치(lines per inch : lpi) | 인치당 행/줄의 수 |
| 라인 프린터(line printer : LP) | 줄 인쇄기, 줄단위 인쇄기 |
| 라인 프린터 컨트롤러<br>　　(line printer controller) | 줄인쇄기 제어기 |
| 라인 피드(line feed : LF1) | 줄바꿈 |
| 라지 스케일 인터그레이션<br>　　(large scale integration) | 큰 규모 집적로 |
| 락(lock) | 잠금 |
| 래셔널 넘버(rational number) | 유리수 |
| 래스터(raster) | 점방식 |
| 래스터 그래픽스(raster graphics) | 점방식 그림 인쇄 |
| 랜(LAN) | 울안 통신망 |
| 랜더마이즈(randomize) | 무작위화하다 |

| 순화 대상 | 순화어 |
|---|---|
| 랜덤 넘버(random number) | 난수, 무작위 수 |
| 랜덤 어세스(random access) | 무작위 접근 |
| 랜덤 파일(random file) | 막(기록)철, 무작위 (기록)철 |
| 랜드스케이프(landscape) | 가로 방향 |
| 램(RAM : random-access memory) | 막기억장치 |
| 랩톱 컴퓨터(laptop computer) | 무릎 전산기 |
| 랭귀지((미)) / 랑가주((프))(language) | 언어 |
| 랭크(rank) | 순번 |
| 러(raw) | 거친, 날- |
| 러닝 머신(learning machine) | 학습기 |
| 런(run) | 실행 |
| 런 차트(run chart) | 실행 도표 |
| 런타임(runtime) | 실행 시간 |
| 레디(ready) | 준비 |
| 레디 리스트(ready list) | 준비 목록, 준비 죽보기 |
| 레디 타임(ready time) | 준비 시간 |
| 레벨 / 레벌(level) | 수준, 단계 |
| 레이디언(radian) | [단위] 부채각, 라니안 |
| 레이셔 컨트롤(ratio control) | 비율 제어 |
| 레이아웃(layout) | 판짜기, 얼개짓기 |
| 레이저 빔(laser beam) | 레이저 빛살 |
| 레이저 빔 프린터(laser beam printer : LBP) | 레이저 인쇄기 |
| 레이저 프린터(laser printer) | 레이저 인쇄기 |
| 레인지(range) | 범위 |
| 레절루션>레졸루션(resolution) | 해상도 |
| 레지던트(resident) | 상주 |
| 레지던트 프로그램(resident program) | 상주 풀그림, 상주 프로그램 |
| 레지스터(register) | 기록기 |
| 레코드(record) | 기록면, 기록표 |
| 레터(letter) | 글자 |
| 레터 퀄리티(letter quality : LQ) | 글자질, 글자 품질 |
| 레터 퀄리티 프린터(letter quality printer) | 글자(품)질 인쇄기 |
| 레퍼런스(reference) | 참조 |
| 레퍼런스 매뉴얼(reference manual) | 참조 설명서 |

| 순화 대상 | 순화어 |
|---|---|
| 레프리젠테이션(representation) | 표현 |
| 레프트 얼라인먼트(left alignment) | 왼줄 맞춤 |
| 렐러티브 어드레스(relative address) | 상대 주소, 상대 번지 |
| 렘(REM) | 설명 |
| 렝스(length) | 길이 |
| 로그(log) | 기록 |
| 로그아웃(log-out) | 벗어나기, 나가기 |
| 로그 오프(log-off) | 접속 끝 |
| 로그온(log-on) | 접속 시작 |
| 로그인(log-in) | 들어가기 |
| 로그인 네임(log-in name) | 들어가기 이름 |
| 로더(loader) | 올리개 |
| 로드(load) | 올리다 |
| 로딩(loading) | 올리기 |
| 로스(loss) | 손실 |
| 로우(row) | 가로(칸) |
| 로우 라벨 랭귀지(low-level language) | 저급 언어 |
| 로우 레졸루션(low resolution) | 낮은해상도, 저해상도 |
| 로우 레졸루션 그래픽스<br>(low res(olution) graphics) | 낮은해상도 그림,<br>저해상도 그림 |
| 로우 엔드(low-end) | 낮은 |
| 로우 프리퀀시(low frequency : LF2) | 낮은 주파 |
| 로지컬(logical) | 논리(적) |
| 로지컬 밸류(logical value) | 논리값 |
| 로지컬 앤드(logical AND) | 논리 또, 논리 그리고 |
| 로지컬 얼(logical OR) | 논리 또는 |
| 로직(logic) | 논리 |
| 로컬(local) | 울안 |
| 로케이션 카운터(location counter) | 자리계수기 |
| 로킹(locking) | 잠그기 |
| 로터스 원 투 투 마이너스 쓰리<br>(LOTUS 1-2-3) | 로터스 하나둘셋 |
| 로테이션(rotation) | 회전 |
| 롬(ROM : read only memory) | 읽기 전용 기억기, 늘기억 장치 |

| 순화 대상 | 순화어 |
|---|---|
| 루트(root) | 뿌리 |
| 루트 디렉터리(root directory) | 뿌리 (자료)방 |
| 루틴(routine) | 통로 |
| 루프(loop) | 맴돌이 |
| 루프 테스트(loop test) | 맴돌이 시험 |
| 리네임(rename) | 새이름 |
| 리니어(linear) | 선형 |
| 리더(reader) | 읽개, 판독기 |
| 리더빌러티(readability) | 읽힐성, 가독성 |
| 리던던시(redundancy) | 중복 |
| 리던던시 체크(redundancy check) | 중복 검사 |
| 리드(read) | 읽다, 읽기 |
| 리드 애프터 라이트 베리파이 (read-after-write verify) | 쓴뒤읽기 검사 |
| 리드 오운리(read-only) | 읽기 전용 |
| 리드 오운리 메모리(read-only memory) | 늘기억장치, 읽기 전용 기억장치 |
| 리드 온리 메모리(read only memory : ROM) | 읽기 전용 기억기 |
| 리드 헤드(read head) | 읽기 머리, 읽기 머리틀 |
| 리마크(remark) | 설명 |
| 리메인더(remainder) | 나머지 |
| 리모트 배치 시스템(remote batch system) | 원격 일괄 체계 |
| 리무브 디렉터리(remove directory) | (자료)방 지우기 |
| 리부트(reboot) | 되띄우기 |
| 리셋(reset) | 재시동 |
| 리셋 스위치(reset switch) | 재시동 단추 |
| 리셋 키(reset key) | 재시동 (글)쇠 |
| 리소스(resource) | 자원 |
| 리스(lease) | 빌림 |
| 리스터(restore) | 되깔기 |
| 리스트(list) | 목록, 죽보(이)기 |
| 리스트 라인(leased line) | 빌린 회선 |
| 리스트 시그니피컨트 비트 (least significant bit) | 최하(위) 비트 |

| 순화 대상 | 순화어 |
|---|---|
| 리스팅(listing) | 목록 작성, 죽보(이)기 |
| 리스판스(response) | 응답 |
| 리스판스 타임(response time) | 응답 시간 |
| 리시버(receiver) | 받음기, 수신기 |
| 리시브(receive) | 받기, 수신 |
| 리얼 넘버(real number) | 실수 |
| 리얼 타임(real-time) | 즉시, 실시간 |
| 리얼 타임 시스템(real-time system) | 즉시 체계, 실시간 체계 |
| 리얼 타임 프로세싱(real-time processing) | 즉시 처리, 실시간 처리 |
| 리저브(reserve) | 예약 |
| 리저브드 워드(reserved word) | 예약어 |
| 리전(region) | 영역 |
| 리지스터(resistor) | 저항기 |
| 리커버(recover) | 회복 |
| 리커버리(recovery) | 회복 |
| 리커전(recursion) | 되부름 |
| 리콜<리컬(recall) | 되부르기 |
| 리터럴(literal) | 상수 |
| 리턴(return) | 복귀 |
| 리턴 키(return key) | 복귀 (글)쇠 |
| 리트리벌(retrieval) | 검색 |
| 리트리브(retrieve) | 검색하다 |
| 리포트>레포트(report) | 보고서 |
| 리프레시(refresh) | 재생 |
| 리프레시 메모리(refresh memory) | 재생 기억장치 |
| 리플레이스(replace) | 새로바꾸기 |
| 리플레이스먼트(replacement) | 대체 |
| 리피트 키(repeat key) | 되풀이(글)쇠 |
| 릴(reel) | 테, 감개 |
| 릴라이어빌러티(reliability) | 믿음성, 신뢰도 |
| 릴레이(relay) | 계전기 |
| 릴레이션(relation) | 관계 |
| 릴레이션 데이터베이스(relational database) | 관계 자료틀 |
| 릴로케이트(relocate) | 다시배치 |

| 순화 대상 | 순화어 |
|---|---|
| 릴리스(release) | 배포 |
| 링(ring) | 고리 |
| 링크(link) | 연결(로) |
| 마그네틱 디스크(magnetic disk) | 자기 (저장)판, 자성 (저장)판 |
| 마그네틱 잉크 캐릭터 레커그니션<br>(magnetic ink character reader : MICR2) | 자기잉크 문자 인식,<br>자성잉크 문자 인식 |
| 마그네틱 잉크 캐릭터 리더<br>(magnetic ink character reader : MICR1) | 자기잉크 문자 읽음 장치,<br>자성잉크 문자 읽음 장치 |
| 마그네틱 카드(magnetic card) | 자기 카드, 자성 카드 |
| 마그네틱 코어(magnetic core) | 자기 알맹이, 자성 알맹이,<br>자심(磁芯) |
| 마그네틱 테이프(magnetic tape) | 자기 테이프, 자성 테이프 |
| 마그네틱 테이프 스토리지<br>(magnetic tape storage) | 자기 테이프 저장 장치,<br>자성 테이프 저장 장치 |
| 마그네틱 필름 스토리지<br>(magnetic film storage) | 자기 필름 저장 장치,<br>자성 필름 저장 장치 |
| 마스크(mask) | 본 |
| 마스크 롬(mask ROM(read only memory)) | 본 늘기억장치 |
| 마스터 디스크(master disk) | 으뜸 저장판 |
| 마스터 카드(master card) | 으뜸 카드 |
| 마스터 파일(master file) | 으뜸 (기록)철 |
| 마우스(mouse) | 쥐돌이 |
| 마우스 드라이버(mouse driver) | 쥐돌이 돌리개 |
| 마우스 버튼(mouse button) | 쥐돌이 단추 |
| 마우스 커서(mouse cursor) | 쥐돌이 깜빡이, 쥐돌이 반디 |
| 마우스 패드(mouse pad) | 쥐돌이 받침, 쥐돌이판 |
| 마이크로웨이브(microwave) | 초단파 |
| 마이크로컴퓨터(microcomputer) | 소형 전산기 |
| 마이크로 프로세서(micro processor) | 소형 처리기 |
| 마이크로 프로세싱 유닛<br>(micro processing unit) | 소형 처리 장치 |
| 마진(margin) | 한계 |
| 마크(mark) | 표, 표지 |
| 매뉴얼(manual) | ①설명서 ②수동 |

| 순화 대상 | 순화어 |
|---|---|
| 매니지먼트 인포메이션 시스템 (management information system) | 경영 정보 체계 |
| 매니퓰레이션(manipulation) | 조작 |
| 매스 데이터(mass data) | 대량 자료 |
| 매스 스토리지 디바이스(mass storage device) | 대량 저장 장치 |
| 매칭(matching) | 맞대기, 정합(整合) |
| 매크로(macro) | 모듬, 모듬 명령 |
| 매크로 어셈블러(macro assembler) | 모듬 짜맞추개 |
| 매크로 인스트럭션(macro instruction) | 모듬 명령 |
| 매트릭스(matrix) | 행렬 |
| 매트릭스 프린터(matrix printer) | 행렬 인쇄기 |
| 매핑(mapping) | ①도표화 ②사상(寫像) |
| 맨티서(mantissa) | 거짓수 |
| 맬펑션(malfunction) | 기능 불량 |
| 맵(map) | 도표 |
| 머더보드(motherboard) | 어미(기)판 |
| 머신 랭귀지(machine language) | 기계어 |
| 머신 코드(machine code) | 기계어 부호 |
| 머지(merge) | 합치기 |
| 멀터플리캔드(multiplicand) | 곱힘수 |
| 멀티미디어(multimedia) | 다중 매체 |
| 멀티스캔(multiscan) | 다중훑기, 다중검색 |
| 멀티스캔 모니터(multiscan monitor) | 다중훑기 화면기 |
| 멀티유저(multiuser) | 다중 사용자 |
| 멀티태스킹(multitasking) | 다중 작업 |
| 멀티프로그래밍(multiprogramming) | 다중 풀그리기, 다중 프로그램짜기 |
| 멀티프로세서(multiprocessor) | 다중 처리기 |
| 멀티프로세싱(multiprocessing) | 다중 처리 |
| 멀티플라이(multiply) | 곱하다 |
| 멀티플라이어(multiplier) | 곱함수 |
| 멀티플렉서(multiplexer : MUX) | 다중화기 |
| 멀티플렉스(multiplex) | 다중 |
| 멀티플렉싱(multiplexing) | 다중화 |

| 순화 대상 | 순화어 |
|---|---|
| 메뉴(menu) | 차림표 |
| 메뉴 디스플레이(menu-display) | 차림표 표시 |
| 메뉴 바(menu bar) | 차림표 막대 |
| 메모리(memory) | 기억장치 |
| 메모리 덴서티(memory density) | 기억장치 밀도 |
| 메모리 매니지먼트(memory management) | 기억장치 관리 |
| 메모리 맵(memory map) | 기억장치 본 |
| 메모리 셀(memory cell) | 기억장치 낱칸 |
| 메모리 커패서티(memory capacity) | 기억 (장치) 용량 |
| 메시지(message) | 알림(말) |
| 메이크 디렉토리(make directory) | (자료) 방만들기 |
| 메인 메모리(main memory) | 주기억장치 |
| 메인 메모리 유닛(main memory unit) | 주기억장치 |
| 메인 보드(main board) | 본기판 |
| 메인터넌스(maintenance) | 유지 보수 |
| 메인프레임(mainframe) | 본체 |
| 메인 프로그램(main program) | 주풀그림, 주프로그램 |
| 메일(mail) | 편지 |
| 메일머지(mail-merge) | 편지 부침 |
| 메일 박스(mail box) | 편지 상자 |
| 멤버(member) | 원소 |
| 모노크롬(monochrome) | 단색 |
| 모노크롬 디스플레이(monochrome display) | 단색 표시 장치 |
| 모노크롬 모니터(monochrome monitor) | 단색 화면(표시)기, 단색 보임틀 |
| 모니터(monitor) | 화면(표시)기, 보임틀 |
| 모니터링(monitoring) | 감시 |
| 모더파이(modify) | ①변경 ②변경하다 |
| 모델(model) | 모형 |
| 모델링(model(l)ing) | 모형화 |
| 모뎀(MODEM : modulator and demodulator) | 전산 통신기 |
| 모듈(module) | 뜸 |
| 모듈레이션(modulation) | 변조 |
| 모듈레이터(modulator) | 변조기 |

| 순화 대상 | 순화어 |
|---|---|
| 모듈로(modulo) | 법 |
| 모드(mode) | 방식 |
| 모디파이어(modifier) | 변경자 |
| 모스트 시그니피컨트 비트 (most significant bit) | 최상 비트, 최상위 비트 |
| 모어(more) | 한 화면 |
| 무브(move) | 옮김 |
| 무빙 암(moving arm) | 옮김팔 |
| 미니컴퓨터(minicomputer) | 중형 전산기 |
| 미디(MIDI : Music Instrument Digital Interface) | 악기용 사이틀, 악기용 수치형 사이틀 |
| 미디어(media) | 매체 |
| 미스테이크(mistake) | 실수 |
| 민 액세스 타임(mean access time) | 평균 접근 시간 |
| 바로우(borrow) | 빌림 |
| 바이너리(binary) | 이진 |
| 바이너리 서치(binary search) | 이진찾기 |
| 바이너리 코우딧 데서멀 (binary coded decimal : BCD) | 이진화십진수 |
| 바이너리 트리(binary tree) | 이진 나무꼴 |
| 바이너리 파일(binary file) | 이진철, 이진묶음철 |
| 바이러스(virus) | 전산균, 셈틀균 |
| 바이러스 프로그램(virus program) | 전산균 풀그림, 전산균 프로그램 |
| 바이오스(BIOS : basic input-output system) | 기본 입출력 체계 |
| 바이패스(bypass) | 에돌기 |
| 바코드(bar code) | 막대부호 |
| 바코드 리더(bar code reader) | 막대부호 읽개, 막대부호 판독기 |
| 발러틸(volatile) | 휘발성 |
| 발러틸 메모리(volatile memory) | 휘발성 기억장치 |
| 발러틸 스토리지(volatile storage) | 휘발성 기억장치 |
| 배치(batch) | 묶음 |

| 순화 대상 | 순화어 |
|---|---|
| 배치 파일(batch file) | 묶음철, 묶음기록철 |
| 배치 프로세싱(batch processing) | 묶음 처리 |
| 배터리 백업(battery backup) | 여벌 전지 |
| 백그라운드(background) | 뒷면 |
| 백스페이스 키(backspace key) | 뒷쇠, 뒷글쇠 |
| 백업(backup) | 여벌, 여벌받기, 여벌갈무리 |
| 백업 파일(backup file) | 여벌철, 여벌기록철 |
| 백트래킹(backtracking) | 되추적 |
| 백플레인(backplane) | 뒤판 |
| 밴(VAN : value-added network) | 부가가치 망, 부가가치 통신망 |
| 밴드(band) | 띠, 대역 |
| 밴드위드(bandwidth) | 띠 너비, 대역 너비 |
| 밸류 애디드 네트워크<br>(value-added network : VAN) | 부가가치 망,<br>부가가치 통신망 |
| 버그(bug) | 벌레 |
| 버블 소트(bubble sort) | 거품 정렬 |
| 버전(version) | 판 |
| 버전 업(version up) | 판 향상 |
| 버츄얼(virtual) | 가상, 가상의 |
| 버츄얼 메모리(virtual memory) | 가상 기억장치 |
| 버츄얼 어드레스(virtual address) | 가상 주소, 가상 번지 |
| 버츄얼 에어리어 네트워크<br>(virtual area network : VAN) | [통신망] 가상 지역망 |
| 버티컬 피드(vertical feed) | 세로 이동 |
| 버퍼(buffer) | 사이칸 |
| 버퍼링(buffering) | 완충 |
| 번들(bundle) | 묶음 |
| 베리어블(variable) | 변수 |
| 베리파이((영)) / 베러파이((미))(verify) | 검증 |
| 베리 하이 프리퀀시(very high frequency) | 초단파 |
| 베이스(base) | 기준 |
| 베이스라인(baseline) | 기준선 |
| 베이스 어드레스(base address) | 기준 주소, 기준 번지 |
| 베이식 랭귀지(basic language) | 기본 언어, 베이식(BASIC) |

| 순화 대상 | 순화어 |
|---|---|
| 베이식 인풋-아웃풋 시스템 (basic input-output system) | 기본 입출력 체계 |
| 벡터(vector) | 선그림 |
| 벤치마크(benchmark) | 견주기 |
| 벤치마크 테스트(benchmark test) | 견주기 |
| 벤치마크 프로그램 (benchmark program) | 견주기 풀그림, 견주기 프로그램 |
| 벨 캐릭터(bell character) | 타종 문자 |
| 보드(board) | 기판, 판 |
| 보 레이트 / 보드 레이트(baud rate) | 보율 |
| 보이스 레코그니션<보이스 레커그니션 (voice recognition) | 음성 인식 |
| 볼>브이오엘(VOL : volume header lavel) | 판이름, 판이름 보기 |
| 볼드페이스(boldface) | 굵은 글씨 |
| 볼륨(volume) | 용량, 부피 |
| 볼 마우스(ball mouse) | 공 쥐돌이 |
| 볼티지(voltage) | 전압 |
| 부트(boot) | 띄우다 |
| 부트스트랩(bootstrap) | 띄우기 |
| 부트스트랩 로더(bootstrap loader) | 띄우기 신개 |
| 부팅(booting) | 띄우기 |
| 불린 알지브라(boolean algebra) | 불 대수 |
| 불린 오퍼레이션(boolean operation) | 불셈 |
| 불린 오퍼레이터(boolean operator) | 불셈 기호 |
| 불린 익스프레션(boolean expression) | 불식 |
| 뷰(view) | 보임 |
| 뷰포트(viewport) | 보임창 |
| 브라우즈(browse) | 훑어보기, 훑어보다 |
| 브라우징(browsing) | 훑어보기 |
| 브랜치(branch) | 가름 |
| 브랜치 인스트럭션(branch instruction) | 가름 명령 |
| 브랜치 컨디션(branch condition) | 가름 조건 |
| 브러쉬(brush) | 붓 |
| 브레이크(break) | 정지, 일시정지 |

| 순화 대상 | 순화어 |
|---|---|
| 브레이크 포인트(break point) | 정지점, 일시정지점 |
| 브로드밴드(broadband) | 넓은 띠, 넓은 대역 |
| 브이디티 / 비디티<br>(VDT : video display terminal) | 영상 단말기 |
| 브이시아르 / 비시알<br>(VCR : video cassette recorder) | 카세트 녹화기 |
| 브이엘에스아이 / 비엘에스아이(VLSI :<br>very large scale integration) | 초고밀도 집적 회로 |
| 브이이아르(VER : version) | 판, 판보기 |
| 브이지에이(VGA : video graphics array) | 영상그림 맞춤틀,<br>영상그림 접합기 |
| 브이티아르 / 비티알(VTR :<br>video tape recorder[recording]) | 테이프 녹화기 |
| 블랭크 캐릭터(blank character) | 빈문자 |
| 블랭킹(blanking) | 비우기 |
| 블로킹(blocking) | 구역짓기 |
| 블록(block) | 구역 |
| 블록 다이어그램(block diagram) | 구역 도표 |
| 블록 라이트(block write) | 구역쓰기 |
| 블록 리드(block read) | 구역읽기 |
| 블록 카피(block copy) | 구역 복사 |
| 블록 트랜스퍼(block transfer) | 구역 내보냄 |
| 블루틴 보드 시스템(bulletin board system) | 게시판 체계 |
| 블링킹(blinking) | 깜박임 |
| 블링킹 커서(blinking cursor) | 점깜빡이, 점반디 |
| 비긴(begin) | 시작 |
| 비디오(video) | 영상 |
| 비디오 게임(video game) | 영상 놀이 |
| 비디오 램(video RAM) | 영상 램 |
| 비디오 모니터(video monitor) | 영상 화면기 |
| 비디오 어댑터(video adapter) | 영상 맞춤틀, 영상 접합기 |
| 비디오 카드(video card) | 영상 카드 |
| 비디오텍스(videotex) | 영상 정보 |
| 비비에스(BBS : bulletin board system) | 게시판 체계 |

| 순화 대상 | 순화어 |
|---|---|
| 비시디(BCD : binary-coded decimal) | 이진화십진수 |
| 비시디 코드(BCD code) | 이진화십진수 부호 |
| 비주얼 디스플레이(visual display) | 영상 표시 |
| 비트(bit) | 두값 |
| 비트 맵(bit map) | 두값본 |
| 비트 맵 스크린(bit mapped screen) | 두값본뜨기 화면 |
| 비트 이미지(bit image) | 두값 영상 |
| 비트 퍼 세컨드(bits per second : BPS) | 초당 비트 수 |
| 비트 퍼 인치(bits per inch : BPI) | 인치당 비트 수 |
| 비피아이(BPI : bits per inch) | 인치당 비트 수 |
| 비피에스(BPS : bits per second) | 초당 비트 수 |
| 삐프(beep) | 삑, 삑소리 |
| 사이클(cycle) | 주기 |
| 사인(sign) | 기호 |
| 새틀라이트(satellite) | 통신 위성 |
| 새틀라이트 커뮤니케이션 (satellite communication) | 위성 통신 |
| 샘플(sample) | 표본, 본보기 |
| 서멀 프린터(thermal printer) | 열인쇄기 |
| 서브 디렉터리(sub-directory) | 아래 방, 아래 자료방 |
| 서브루틴(subroutine) | 아래 경로 |
| 서브 스트링(sub-string) | 아래 문자열 |
| 서브스티튜트(substitute) | 바꾸기 |
| 서브트랙터(subtracter) | 뺄셈기 |
| 서브 프로그램(sub-program) | 아래 풀그림, 아래 프로그램 |
| 서비스 프로그램(service program) | 서비스 풀그림 |
| 서스펜드(suspend) | 중지 |
| 서지(surge) | 전기놀, 전기파도 |
| 서치(search) | 찾다, 찾기 |
| 서치 앤드 리플레이스(search and replace) | 찾아 바꾸기 |
| 서치 키(search key) | 찾을 쇠, 찾음 글쇠 |
| 서킷(circuit) | 회로 |
| 서킷 보드(circuit board) | 회로판 |
| 서포트(support) | 지원, 지원하다 |

| 순화 대상 | 순화어 |
|---|---|
| 섬 체크(sum check) | 합계 검사 |
| 세그먼테이션(segmentation) | 간살짓기 |
| 세그먼트(segment) | 간살 |
| 세미컨덕터(semiconductor) | 반도체 |
| 세션(session) | 작업 시간 |
| 세이브(save) | 갈무리, 저장 |
| 세컨더리 스토리지(secondary storage) | 보조 기억장치 |
| 세트(set) | 설정, 집합 |
| 섹터(sector) | 테조각, 저장 테조각 |
| 센드(send) | 보내다 |
| 센서(sensor) | 감지기 |
| 센서티비티<센서티버티(sensitivity) | 민감도 |
| 센트랄 프로세싱 유닛<br>(central processing unit : CPU) | 중앙 처리 장치 |
| 셀(cell) | 낱칸 |
| 셋업(setup) | 준비 |
| 셧다운(shutdown) | 중단 |
| 셰어(share) | 나눠 쓰다, 나눠 함께 쓰다, 공유하다 |
| 셰어(SHARE) | 나눠 쓰라, 공유하라 |
| 셰어웨어(shareware) | 맛보기 쓸모, 나눠 쓸모 |
| 셰이드(shade) | 그늘, 음영 |
| 셸(shell) | 조가비 |
| 소스(source) | 바탕, 원천 |
| 소스 데이터(source data) | 바탕 자료 |
| 소스 디스크(source disk) | 바탕 판, 바탕 저장판 |
| 소스 랭귀지(source language) | 바탕 언어 |
| 소스 코드(source code) | 바탕 부호, 원천 부호 |
| 소스 파일(source file) | 바탕 철, 바탕 기록철 |
| 소스 프로그램(source program) | 바탕 풀그림, 바탕 프로그램 |
| 소트(sort) | 차례짓다, 차례짓기, 정렬 |
| 소프트웨어(software) | 무른모 |
| 소프트웨어 패키지(software package) | 무른모 꾸러미,<br>소프트웨어 꾸러미 |

| 순화 대상 | 순화어 |
|---|---|
| 소프트 카피(soft copy) | 화면 출력 |
| 쇼트 컷(short-cut) | 바로쇠, 바로글쇠, 단축키 |
| 수도 인스트럭션(pseudo-instruction) | 유사 명령, 유사 명령어 |
| 수도코드(pseudocode) | 유사 부호 |
| 슈퍼바이저(supervisor) | 감시자 |
| 슈퍼바이저 컬(supervisor call) | 감시자 불러내기 |
| 슈퍼 컨덕터(super conductor) | 초전도체 |
| 슈퍼 컴퓨터(super computer) | 초고속 전산기 |
| 스레숄드((영)) / 드레숄드((미)) >스레시홀드(threshold) | 문턱, 문턱값 |
| 스와핑(swapping) | 교환, 갈마들이기 |
| 스왑(swap) | 교환, 갈마들임 |
| 스위치(switch) | 엇바꾸개 |
| 스위칭(switching) | 엇바꾸기, 전환 |
| 스캐너(scanner) | 훑개, 주사기(走査器) |
| 스캔(scan) | 훑다, 주사(走査)하다 |
| 스케일(scale) | 크기 조정 |
| 스케일링(scaling) | 크기 조정 |
| 스케줄(schedule) | 일정 |
| 스케줄러(scheduler) | 일정잡이 |
| 스케줄링(scheduling) | 일정잡기 |
| 스코우프(scope) | 유효 범위 |
| 스퀘어 매트릭스(square matrix) | 정방 행렬 |
| 스크롤(scroll) | 두루말다, 두루마리 |
| 스크롤 로크 키<스크롤 락 키(scroll lock key) | 두루마리 걸쇠 |
| 스크롤링(scrolling) | 두루말기 |
| 스크롤 바(scroll bar) | 두루마리 막대 |
| 스크린(screen) | 화면 |
| 스크린 덤프(screen dump) | 화면퍼내기 |
| 스크린 에디터(screen editor) | 화면 편집기 |
| 스크린 에디팅(screen editing) | 화면 편집 |
| 스킵(skip) | 넘김 |
| 스타일(style) | 모양새 |
| 스탑>스톱(stop) | 멈춤 |

| 순화 대상 | 순화어 |
|---|---|
| 스태크(stack) | 동전통 |
| 스태틱(static) | 정적 |
| 스태틱 메모리(static memory) | 정적 기억장치 |
| 스탠다드(standard) | 표준 |
| 스탠다드 아이/오 디바이쓰스<br>　(standard I/O devices :<br>　standard input / output devices) | 표준 입출력 장치 |
| 스탠드 얼론(stand-alone) | 독립 |
| 스탠드 얼론 시스템(stand-alone system) | 독립 체계 |
| 스터어(store) | 기억 |
| 스테이션(station) | 국 |
| 스테이터스(status) | 상태 |
| 스테이트(state) | 상태 |
| 스테이트먼트(statement) | 문, 문장, 명령문 |
| 스테이트 테이블(state table) | 상태표 |
| 스토리지(storage) | 기억 (장치) |
| 스트럭처(structure) | 구조 |
| 스트럭처드 랭귀지(structured language) | 구조 언어 |
| 스트럭처드 프로그래밍<br>　(structured programming) | 구조 풀그리기,<br>구조 프로그램짜기 |
| 스트로크(stroke) | ①자획 ②[자판] 누르기, 치기 |
| 스트로크 폰트(stroke font) | 자획체 |
| 스트링(string) | 문자열 |
| 스팬(span) | 범위 |
| 스페셜 퍼포스 컴퓨터<br>　(special purpose computer) | 특수 전산기,<br>특수 목적 전산기 |
| 스페시피케이션(specification) | 명세 |
| 스페이스(space) | 사이 |
| 스페이스 바(space bar) | 사이띄우개 |
| 스페이스 캐릭터(space character) | 사이 문자 |
| 스펠링 체커(spelling checker) | 맞춤법 검사기 |
| 스풀러(spooler) | 얼레, 순간 작동 |
| 스풀링(spooling) | 얼레치기,<br>순간 작동, 순간 작동하기 |

| 순화 대상 | 순화어 |
|---|---|
| 스프라이트(sprites) | 쪽화면 |
| 스프레드시트(spreadsheet) | 셈판, 펼친셈판, 확장 문서 |
| 슬롯(slot) | 꽂이틈 |
| 시그널(signal) | 신호 |
| 시디(CD : compact disc) | 짜임판, 짜임 저장판, 압축판, 압축 저장판 |
| 시 랭귀지(C language) | C 언어 |
| 시리얼(serial) | 직렬 |
| 시리얼 넘버(serial number) | 일련 번호 |
| 시리얼 마우스(serial mouse) | 직렬 쥐돌이 |
| 시리얼 인터페이스(serial interface) | 직렬 사이틀 |
| 시리얼 인풋-아웃풋(serial input-output) | 직렬 입출력 |
| 시리얼 포트(serial port) | 직렬 나들목 |
| 시맨틱스(semantics) | 의미론 |
| 시뮬레이션(simulation) | 현상 실험 |
| 시삽(sysop) | 운영자, 체계 운영자 |
| 시소러스(thesaurus) | 관련어집 |
| 시스템(system) | 체계 |
| 시스템 메인터넌스(system maintenance) | 체계 유지 보수 |
| 시스템 엔지니어(system engineer) | 체계 기술자 |
| 시스템 파일(system file) | 체계 기록철, 체계 기록 파일 |
| 시스템 프로그래밍(system programming) | 체계 풀그림그리기, 체계 프로그램짜기 |
| 시스템 프로그램(system program) | 체계 풀그림 |
| 시아르(CR : carriage return) | 복귀 |
| 시아르티(CRT : cathode ray tube) | 음극관, 음극선관 |
| 시아르티 디스플레이(CRT display) | 음극관 표시(기), 음극선관 표시(기) |
| 시에이아이(CAI : computer-assisted instruction) | 전산 도움 교육 |
| 시에이치케이디에스케이 (CHKDSK : Check Disk) | 판 검사, 저장판 검사 |
| 시엘에스(cls : CLear the Screen) | [DOS 명령어] 화면지우기 |
| 시퀀셜(sequential) | 순차 |

| 순화 대상 | 순화어 |
|---|---|
| 시퀀셜 액세스 메서드 (sequential access method) | 순차 접근 방법 |
| 시퀀셜 파일(sequential file) | 순차철, 순차 기록철 |
| 시퀀스(sequence) | 순차 |
| 시크(seek) | 자리찾기 |
| 시크 타임(seek time) | 자리찾기 시간 |
| 시티알엘 키(ctrl key : control key) | 제어쇠, 제어 글쇠, 제어키 |
| 시프트(shift) | 밀기 |
| 시프트 키(shift key) | 윗쇠, 윗글쇠 |
| 시피아이(cpi : characters per inch) | 인치당 문자 수 |
| 시피에스(cps : characters per second) | 초당 문자 수 |
| 시피유(CPU : central processing unit) | 중앙 처리 장치 |
| 신시사이저(synthesizer) | 합성기 |
| 신택스(syntax) | 통사, 통사론 |
| 신택스 에러(syntax error) | 통사 착오, 통사 틀림 |
| 실렉션(selection) | 선택 |
| 실렉션 소트(selection sort) | 선택 차례짓기, 선택 정렬 |
| 실렉트(select) | 선택하다 |
| 실린더(cylinder) | 원통 |
| 심벌(symbol) | 상징, 상징기호 |
| 심플렉스(simplex) | 일방 |
| 심플렉스 모뎀(simplex modem) | 일방 전산 통신기 |
| 싱글 덴서티(single density) | 단밀도 |
| 싱크로나이제이션(synchronization) | 동기, 동기화 |
| 싱크로너스(synchronous) | 동기, 동기적 |
| 아규먼트(argument) | 인수(引數) |
| 아날로그(analog / analogue) | 연속(형) |
| 아날로그 컴퓨터(analog computer) | 연속형 전산기 |
| 아날리스트(analyst) | 분석가 |
| 아날리시스(analysis) | 분석 |
| 아던 메모리(add-on memory) | 덧 기억장치 |
| 아덜(adder) | 덧셈기 |
| 아르지비(RGB : red, green, blue) | 삼원색(적색, 청색, 녹색의 혼합 색) |

| 순화 대상 | 순화어 |
|---|---|
| 아르지비 모니터(RGB monitor) | 삼원색 화면 |
| 아르지비 비디오((RGB video) | 삼원색 영상, 삼원색 비디오 |
| 아리스메틱 로직 유닛(arithmetic-logic unit) | 산술 논리 장치 |
| 아리스메틱 오버플로(arithmetic overflow) | 산술 넘침 |
| 아스키(ASCII : American Standard Code for Information Interchange) | 미국 정보 교환 표준 부호 |
| 아웃라인(outline) | 테두리 |
| 아웃 오프 레인지(out of range) | 범위 넘음 |
| 아웃풋(output) | 출력 |
| 아웃풋 데이터(output data) | 출력 자료 |
| 아웃풋 디바이스(output device) | 출력 장치 |
| 아이덴티파이어(identifier) | 식별, 식별자 |
| 아이디(id : identifier) | 식별, 식별자 |
| 아이시(IC : integrated circuit) | 집적 회로 |
| 아이에스디엔(ISDN : integrated service digital network) | 종합 정보 통신망 |
| 아이에스오(ISO : International Standardization Organization) | 국제 표준 기구 |
| 아이컨(icon) | 쪽그림 |
| 아이템(item) | 항목 |
| 아키텍처(architecture) | 얼개 |
| 아티피셜 랭귀지(artificial language) | 만든 언어, 인공 언어 |
| 아티피셜 인텔리전스(artificial intelligence) | 만든 지능, 인공 지능 |
| 악실리어리 메모리(auxiliary memory) | 보조 기억장치 |
| 악틀((미)) / 억틀((영))(octal) | 팔진, 팔값 |
| 악틀 넘버 시스템(octal number system) | 팔진법 |
| 안시(ANSI : American National Standards Institute) | 미국 표준국 |
| 알고리즘(algorithm) | 풀이법, 셈법 |
| 알골(ALGOL : algorithmic language) | 셈말 |
| 알더블유 헤드(R/W head : read/write head) | 읽기/쓰기 머리틀 |
| 알터네이트(alternate) | 교체 |
| 알트 키(alt key) | 교체쇠, 교체글쇠, 교체키 |
| 알파뉴메릭(alphanumeric) | 수(數)문자 |

| 순화 대상 | 순화어 |
|---|---|
| 알파메릭(alphameric) | 수(數)문자 |
| 알파벳(alphabet) | 라틴문자 |
| 앗 오퍼레이션(add operation) | 덧셈 |
| 앗 이븐 체크＞아드 이븐 체크 (odd-even check) | 홀짝 검사 |
| 앗 패러티＞아드 패리티(odd parity) | 홀수 맞춤 |
| 애니메이션(animation) | 움직꼴 |
| 애드(add) | 더하다, 더하기 |
| 애버리지 어세스 타임 (average access time) | 평균 접근 시간 |
| 애스터리스크(asterisk) | 별표 |
| 애트리뷰트(attribute) | 속성 |
| 애플리케이션(application) | 응용 |
| 애플리케이션 소프트웨어 (application software) | 응용 무른모 |
| 애플리케이션 패키지(application package) | 응용 꾸러미 |
| 애플리케이션 프로그램(application program) | 응용 풀그림, 응용 프로그램 |
| 액세스(access) | 접근 |
| 액세스 라이트(access right) | 접근권 |
| 액세스 메서드(access method) | 접근법 |
| 액세스 암(access arm) | 접근 막대 |
| 액세스 코드(access code) | 접근 부호 |
| 액세스 타임(access time) | 접근 시간 |
| 액세스 퍼미션(access permission) | 접근 허가 |
| 액츄얼 아규먼트(actual argument) | 실인수(實引數) |
| 액츄얼 어드레스(actual address) | 실제 주소, 실제 번지 |
| 액츄얼 파라미터(actual parameter) | 실 매개 변수 |
| 앤드(AND) | 또, 그리고 |
| 앤드 게이트(AND gate) | 또문, 앤드문 |
| 앤드 오퍼레이션(AND operation) | 또셈, 앤드셈 |
| 앤서백(answerback) | 응답 |
| 앨러케이션(allocation) | 배정 |
| 앨러케이트(allocate) | 배정하다 |
| 앰플리튜드(amplitude) | 진폭 |

| 순화 대상 | 순화어 |
| --- | --- |
| 앰플리파이어 / 앙플리피에((프))(amplifier) | 증폭기 |
| 앱솔루트(absolute) | 절대 |
| 앱솔루트 밸류(absolute value) | 절댓값 |
| 앱솔루트 어드레스(absolute address) | 절대 주소, 절대 번지 |
| 앱솔루트 어드레싱(absolute addressing) | 절대 주소, 절대 번지 |
| 앱솔루트 코드(absolute code) | 절대 부호 |
| 어댑터(adapter / adaptor) | 맞춤틀, 접합기 |
| 어드레스(address) | 주소, 번지 |
| 어드레스 버스(address bus) | 주소 버스, 번지 버스 |
| 어드레스 스페이스(address space) | 주소 공간, 번지 공간 |
| 어드레싱 모드(addressing mode) | 주소 지정 방식, 번지 지정 방식 |
| 어드벤처 게임(adventure game) | 모험 놀이 |
| 어레이(array) | 배열 |
| 어보트(abort) | 중단, 중단하다 |
| 어사인먼트(assignment) | 지정 |
| 어센딩 소트(ascending sort) | 올림 차례짓기 |
| 어센딩 오더(ascending order) | 오름차순 |
| 어셈블(assemble) | 짜맞추다 |
| 어셈블러(assembler) | 짜맞추개 |
| 어셈블리 랭귀지(assembly language) | 짜맞춤말, 어셈블리어 |
| 어셈블리 루틴(assembly routine) | 짜맞춤 경로, 어셈블리 경로 |
| 어셈블리 프로그램(assembly program) | 짜맞춤 풀그림 |
| 어큐뮬레이터(accumulator) | 누산기(累算器) |
| 어펜드(append) | 덧붙이기, 추가(하다) |
| 언더플로우 / 언더플로(underflow) | 아래넘침 |
| 언두(undo) | 무르기 |
| 언디파인드(undefined) | 미정의 |
| 언딜리트(undelete) | 되살림 |
| 언컨디셔널 브랜치(unconditional branch) | 무조건 가름 |
| 언컨디셔널 점프(unconditional jump) | 무조건 건너뜀 |
| 언팩(unpack) | 풀기 |
| 얼라이먼트(alignment) | 줄맞춤 |
| 얼라인(align) | 줄맞추다 |

| 순화 대상 | 순화어 |
|---|---|
| 업그레이드(upgrade) | 향상 |
| 업데이트(update) | 경신 |
| 업로드(upload) | 올려주기 |
| 에디터(editor) | 편집기 |
| 에디터 커맨드(editor command) | 편집 명령 |
| 에디트(edit) | 편집 |
| 에디팅(editing) | 편집 |
| 에러(error) | 착오, 틀림, 오차 |
| 에러 리커버리(error recovery) | 착오 복구, 틀림 복구 |
| 에러 메시지(error message) | 착오 알림말, 틀림 알림말 |
| 에러 체킹(error checking) | 착오 검사, 틀림 검사 |
| 에러 컨트롤(error control) | 착오 제어, 틀림 제어 |
| 에뮬레이트(emulate) | 대리 실행하다, 대행하다 |
| 에뮬레이션(emulation) | 대리 실행, 대행 |
| 에뮬레이터(emulator) | 대리 실행기, 대행기 |
| 에스램(s-RAM : static random access memory) | 정적 막기억장치 |
| 에스와이에스(SYS : system) | 체계 복사 |
| 에스유비에스티(SUBST : substitute) | 경로 바꾸기 |
| 에스케이프(escape) | 나옴, 나오기, 탈출 |
| 에스케이프 시퀀스(escape sequence) | 나오기 순차, 탈출 순차 |
| 에스큐엘(SQL : structured query language) | 표준 질문 언어 |
| 에어리어(area) | 영역 |
| 에이브이알(AVR : automatic voltage regulator) | 자동 전압 조정기 |
| 에이시(AC : alternative current) | 교류 |
| 에이싱크로노스(asynchronous) | 비동기 |
| 에이싱크로노스 커뮤니케이션 (asynchronous communication) | 비동기 통신 |
| 에이유티오이엑스이시닷 뱃 (AUTOEXEC.BAT : automatically execute batch file) | 자동 실행 묶음철, 자동 실행 배치 파일 |
| 에이치디 티브이 (HD-TV : High-Definition TV) | 새맑은 텔레비전, 고선명 텔레비전 |

| 순화 대상 | 순화어 |
|---|---|
| 에지(edge) | 모서리 |
| 에코(echo) | 메아리 |
| 에코 체크(echo check) | 메아리 검사 |
| 에프디(FD) | 무른(저장)판, 연성(저장)판 |
| 에프디디(FDD : frequency division duplex) | 무른(저장)판 돌리개, 연성(저장)판 돌리개 |
| 에프오아르(FOR) | 되풀이 |
| 엑서큐터블 프로그램(executable program) | 실행 풀그림, 실행 프로그램 |
| 엑설(XOR : exclusive or) | 오직 또는, 배타적 OR |
| 엑스카피(Xcopy) | 큰복사 |
| 엑스퍼트 시스템(expert system) | 전문가 체계 |
| 엑스포트(export) | 보내기 |
| 엑스플리시트 데클러레이션 (explicit declaration) | 명시적 선언 |
| 엑시큐션(execution) | 실행 |
| 엑시큐트(execute) | 실행, 실행하다 |
| 엑싯(exit) | 나가기 |
| 엔드(END) | 끝 |
| 엔드 오브 라인(end of line) | 줄끝 |
| 엔드 오브 파일(end of file) | 철끝, 기록철끝 |
| 엔드 유저(end user) | 최종 사용자 |
| 엔드 키(end key) | 꼬리쇠, 꼬리 글쇠 |
| 엔들리스 루프(endless loop) | 무한 맴돌이 |
| 엔벨로프(envelope) | 덧붙임 |
| 엔오피(NOP : no operation) | 무작동, 무연산 |
| 엔진(engine) | 기관 |
| 엔터(enter) | 넣기 |
| 엔터 키(enter key) | 넣을쇠, 넣음 글쇠, 넣음키 |
| 엔트런스(entrance) | 어귀, 들머리, 입구 |
| 엔트리(entry) | 어귀, 들머리, 입구 |
| 엘리먼트(element) | 요소 |
| 엘시디(LCD) | 액정 표시(기) |
| 엘에프원(LF1 : line feed) | 줄바꿈 |
| 엘에프투(LF2 : low frequency) | 낮은 주파 |

| 순화 대상 | 순화어 |
|---|---|
| 엘이디(LED) | 발광 다이오드 |
| 엘이디 프린터(LED printer) | 발광 다이오드 인쇄기 |
| 엘큐(LQ : letter quality) | 글자 품질 |
| 엘피(LP : line printer) | 줄 인쇄기, 줄단위 인쇄기 |
| 엘피아이(lpi : lines per inch) | 인치당 줄/행의 수 |
| 엘피에스(LPS : lines per second) | 초당 줄/행의 수 |
| 엠아이시아르 원(MICR1(-reader) : magnetic ink character reader) | 자기잉크 문자 읽음 장치, 자성잉크 문자 읽음 장치 |
| 엠아이시아르 투(MICR2(-recognition) : magnetic ink character recognition) | 자기잉크 문자 인식, 자성잉크 문자 인식 |
| 오더(order) | 차례, 주문 |
| 오더드 리스트(ordered list) | 차례 목록, 차례 죽보기 |
| 오디오(audio) | 들림, 가청, 들림띠, 가청음역 |
| 오리지널 데이터(original data) | 근원 자료 |
| 오리진(origin) | 근원 |
| 오버라이트(overwrite) | 겹쳐쓰기 |
| 오버래핑(overlapping) | 겹치기 |
| 오버랩(overlap) | 겹침 |
| 오버레이(overlay) | 갈마들이 |
| 오버로드(overload) | 너무실림, 과부하 |
| 오버플로(overflow) | 넘침 |
| 오버헤드(overhead) | 부담 |
| 오브제(프 object) | 목적, 객체 |
| 오브제 오리엔티드(object-oriented) | 객체 지향 |
| 오브제 오리엔티드 랭귀지 (object-oriented language) | 객체 지향 언어 |
| 오브제 코드(object code) | 목적 부호 |
| 오브제 파일(object file) | 목적철 |
| 오소링 툴(authoring tool) | 저작 연장 |
| 오시아르(OCR : optical character reader) | 글빛 읽개, 글빛 인식, 광학 문자 판독(기) |
| 오시아르 카드(OCR card) | 글빛 카드, 광학 문자 판독 카드 |
| 오어(OR) | 또는 |

| 순화 대상 | 순화어 |
|---|---|
| 오어 게이트(OR gate) | 또는 문 |
| 오어 오퍼레이션(OR operation) | 또는 셈 |
| 오에스(OS : operating system) | 운영 체계 |
| 오에이(OA : office automation) | 사무 자동화 |
| 오엠아르(OMR : optical mark reader) | 표빛 읽개, 표빛 인식, 광학 표시 판독(기) |
| 오엠아르 카드(OMR card) | 표빛 카드, 광학 표시 판독 카드 |
| 오이엠(OEM : Original Equipment Manufacturer) | 주문자 상표 부착 |
| 오토(auto) | 자동 |
| 오토마타(automata) | 자동 장치 |
| 오토메이션(automation) | 자동화 |
| 오토 캐드(auto CAD) | 자동 설계, 자동 전산 설계 |
| 오퍼랜드(operand) | 셈숫자, 피연산자 |
| 오퍼레이션(operation : OP) | 작동, 연산 |
| 오퍼레이션 코드(operation code) | 연산 부호 |
| 오퍼레이터(operator) | 연산자(演算子), 운영자(運營者) |
| 오퍼레이팅 시스템(operating system : OS) | 운영 체계 |
| 오프(off) | 끄기 |
| 오프라인(off-line) | 따로잇기, 따로이음 |
| 오픈(open) | 열기, 열린 |
| 오픈 시스템(open system) | 열린 체계 |
| 오픈 아키텍처(open architecture) | 열린 얼개 |
| 오피 코드(OP code : operation code) | 연산 부호, 작동 부호 |
| 옥테트(octet) | 팔중수 |
| 온라인(on-line) | 바로잇기, 바로이음 |
| 온라인 리얼타임 프로세싱 (on-line real-time processing) | 바로잇기, 바로이음, 즉시 처리, 온라인 즉시 처리 |
| 온라인 프로세싱(on-line processing) | 바로잇기 처리, 바로이음 처리, 온라인 처리 |
| 온라인 프로세싱 시스템 (on-line processing system) | 바로잇기 처리 체계, 바로이음 처리 체계, 온라인 처리 체계 |

| 순화 대상 | 순화어 |
|---|---|
| 온라인 헬프(on-line help) | 바로잇기 도움말, 바로이음 도움말, 온라인 도움말 |
| 온 보드 컴퓨터(on-board computer) | 내장 전산기 |
| 온 오프 컨트럴(on-off control) | 켜고끄기, 점멸 제어 |
| 옵션(option) | 별도 선택, 추가 선택 |
| 옵티마이제이션(optimization) | 최적화 |
| 옵티컬 디스크(optical disk) | 광판, 광 저장판 |
| 옵티컬 레이저 디스크(optical laser disk) | 광레이저 저장판 |
| 옵티컬 마우스(optical mouse) | 광쥐돌이 |
| 옵티컬 바코드 리더 (optical bar code reader) | 광 막대부호 읽개, 광 막대부호 판독기 |
| 옵티컬 스캐너(optical scanner) | 광훑개 |
| 옵티컬 커뮤니케이션(optical communication) | 광통신 |
| 옵티컬 파이버(optical fiber) | 광섬유 |
| 와이어(wire) | 유선, 줄 |
| 와일드 카드(wild card) | 두루치기, 임의 문자 기호 |
| 와일드 카드 캐릭터(wild card character) | 두루치기 문자, 임의 문자 |
| 워 게임(war game) | 전쟁 놀이 |
| 워닝 메시지(warning message) | 경고문 |
| 워드(word) | 낱말, 단어 |
| 워드 프로세서(word processor) | 문서 처리기, 글월 처리기 |
| 워드 프로세싱(word processing) | 문서 처리, 글월 처리 |
| 워드 프로세싱 시스템 (word processing system) | 글월 처리 체계 |
| 워드 프로세싱 프로그램 (word processing program) | 글월 처리 풀그림, 글월 처리 프로그램 |
| 워크벤치(workbench) | 작업대 |
| 워크스테이션(workstation) | 작업(실) 전산기 |
| 워크 에어리어(work area) | 작업 영역 |
| 웜 리스타트(warm restart) | 다시 시동 |
| 웜 부트(warm boot) | 다시 띄우기 |
| 윈도우(window) | 창 |
| 웨이브(wave) | 놀, 파, 파도 |
| 웨이트(wait) | 기다림, 대기 |

| 순화 대상 | 순화어 |
|---|---|
| 웨이트(weight) | 무게 |
| 웨이팅 타임(waiting time) | 기다림 시간, 대기 시간 |
| 웨이퍼(wafer) | 회로판 |
| 유너리 오퍼레이션(unary operation) | 단항셈 |
| 유너리 오퍼레이터(unary operator) | 단항셈 기호 |
| 유니디렉셔널 버스(unidirectional bus) | 한방향 버스 |
| 유니버설 보드(universal board) | 범용 기판 |
| 유니온(union) | 합집합 |
| 유닛(unit) | 장치 |
| 유에이치에프(UHF : ultra high frequency) | 극초단파 |
| 유저(user) | 사용자 |
| 유저 디파인드 워드(user-defined word) | 사용자 정의 낱말 |
| 유저 디파인드 펑션(user-defined function) | 사용자 정의 함수 |
| 유저 인터페이스(user interface) | 사용자 사이틀 |
| 유틸리티(utility) | 도움모 |
| 유틸리티 프로그램(utility program) | 도움모 풀그림, 도움모 프로그램 |
| 이네이블(enable) | 가능 |
| 이니셜라이즈(initialize) | 초기화하다 |
| 이니셜 밸류(initial value) | 초기값 |
| 이니퀄러티(inequality) | 부등식 |
| 이디피에스(EDPS : electronic data processing system) | 전자 자료 처리 체계 |
| 이레이스((미)) / 이레이즈((영))(erase) | 지움, 지우기 |
| 이메일(e-mail) | 전자 우편 |
| 이미디어트 어드레스(immediate address) | 직접 주소, 직접 번지 |
| 이미디어트 어드레싱(immediate addressing) | 직접 주소 지정 |
| 이미디어트 어드레싱 모드 (immediate addressing mode) | 직접 주소 지정 방식 |
| 이미지(image) | 영상 |
| 이미지 프로세싱(image processing) | 영상 처리 |
| 이밸류에이션(evaluation) | 평가 |
| 이벤트(event) | 사건 |
| 이븐 패리티(even parity) | 짝수홀짝 |

| 순화 대상 | 순화어 |
|---|---|
| 이에스시 키(esc key : escape key) | 나옴쇠, 나옴키, 탈출키 |
| 이퀄리티(equality) | 같음 |
| 이퀘이전(equation) | 방정식 |
| 이큅먼트(equipment) | 장비 |
| 이프(IF) | 만일 |
| 이프 덴 엘스(if-then-else) | 조건문 |
| 이피션시(efficiency) | 효율 |
| 익스체인지(exchange) | 교환 |
| 익스클루시브 오어(exclusive or) | 오직 또는, 배타적 OR |
| 익스터널(external) | 외부의 |
| 익스터널 메모리(external memory) | 외부 기억장치 |
| 익스터널 커맨드(external command) | 외부 명령 |
| 익스텐드(extend) | 확장하다 |
| 익스텐션(extension) | 확장, 확장자 |
| 익스투빈(EXE2BIN) | 두값화 |
| 익스트랙트(extract) | 뽑아내다 |
| 익스팬디드 메모리(expanded memory) | 확장 기억장치 |
| 익스펜션 슬롯(expansion slot) | 확장 꽂이틈 |
| 익스포넌트(exponent) | 지수 |
| 익스프레션(expression) | 식 |
| 인더스트리얼 로봇(industrial robot) | 산업용 로봇 |
| 인더스트리얼 스탠다드(industrial standard) | 산업 표준 |
| 인덱스(index) | 찾아보기, 색인 |
| 인덱스트 파일(indexed file) | 찾아보기 철, 색인 (기록)철 |
| 인덱싱(indexing) | 찾아보기 만들기, 색인 만들기 |
| 인덴테이션(indentation) | 들여쓰기 |
| 인디렉트 어드레스(indirect address) | 간접 주소, 간접 번지 |
| 인디케이터(indicator) | 가리키개, 지시기 |
| 인바이런먼트(environment) | 환경 |
| 인버터(inverter) | 뒤바꿈기 |
| 인버트(invert) | 뒤바꿈 |
| 인서트(insert) | 끼움, 끼우기 |
| 인서트 키(insert key) | 끼움쇠, 끼움 글쇠 |
| 인스톨(install) | 설치하다 |

| 순화 대상 | 순화어 |
| --- | --- |
| 인스톨레이션(installation) | 설치 |
| 인스트럭션(instruction) | 명령, 명령어 |
| 인스트럭션 세트(instruction set) | 명령 집합 |
| 인코더(encoder) | 부호 매김기 |
| 인코드(encode) | 부호 매기다 |
| 인콰이어리(inquiry) | 찾기, 물어보기 |
| 인크립션(encryption) | 부호 매김 |
| 인터널(internal) | 내부 |
| 인터널 모뎀(internal modem) | 내장 통신기, 내장 전산 통신기 |
| 인터널 커맨드(internal command) | 내부 명령 |
| 인터럽트(interrupt) | 가로채기 |
| 인터럽트 핸들러(interrupt handler) | 가로채기 다루개 |
| 인터렉티브(interactive) | 대화식 |
| 인터렉티브 시스템(interactive system) | 대화식 체계 |
| 인터렉티브 프로그램 (interactive program) | 대화식 풀그림, 대화식 프로그램 |
| 인터페이스(interface) | 사이틀 |
| 인터프리터(interpreter) | 해석기 |
| 인터프리트(interpret) | 해석하다 |
| 인텔리전스(intelligence) | 지능 |
| 인텔리전트(intelligent) | 지적 |
| 인텔리전트 터미널(intelligent terminal) | 지능 단말기 |
| 인티저(integer) | 정수 |
| 인퍼런스(inference) | 추론 |
| 인포메이션(information) | 정보 |
| 인포메이션 뱅크(information bank) | 정보 은행 |
| 인포메이션 프로세싱(information processing) | 정보 처리 |
| 인풋(input) | 입력 |
| 인풋 데이터(input data) | 입력 자료 |
| 인풋 디바이스(input device) | 입력 장치 |
| 인풋-아웃풋(input-output) | 입출력 |
| 인풋-아웃풋 디바이스 (input-output device) | 입출력 장치 |
| 인풋-아웃풋 루틴(input-output routine) | 입출력 경로 |

| 순화 대상 | 순화어 |
|---|---|
| 인풋-아웃풋 인터럽트<br>(input-output interrupt) | 입출력 가로채기 |
| 인풋-아웃풋 컨트롤(input-output control) | 입출력 제어 |
| 인풋-아웃풋 컨트롤 시스템<br>(input-output control system) | 입출력 제어 체계 |
| 인풋-아웃풋 포트(input-output port) | 나들목, 입출력 나들목 |
| 인피니트 루프(infinite loop) | 무한 맴돌이 |
| 인피니트 세트(infinite set) | 무한 집합 |
| 일랩스트 타임(elapsed time) | 경과 시간 |
| 일렉트로닉(electronic) | 전자, 전자식 |
| 일리걸 캐릭터(illegal character) | 틀린 문자 |
| 임베디드 커맨드(embedded command) | 내장 명령 |
| 임팩트 프린터(impact printer) | 충격 인쇄기, 때림 인쇄기 |
| 임퍼트(import) | 가져오기 |
| 잉크젯 프린터(ink-jet printer) | 먹뿌림 인쇄기,<br>잉크분사 인쇄기 |
| 잡 / 자브(job) | 일 |
| 잼(jam) | 엉킴 |
| 잽(zap) | 지움 |
| 저널(journal) | 시보 |
| 저스티파이(justify) | 자리 맞춤 |
| 점퍼(jumper) | 뜀줄 |
| 점프(jump) | 건너뜀 |
| 제너럴 퍼포즈 컴퓨터<br>(general-purpose computer) | 일반 전산기 |
| 제너레이터(generator) | 생성기 |
| 조이스틱(joystick) | 놀이손 |
| 조인(join) | 골라잇기 |
| 존(zone) | 구역 |
| 지오메트릭 민(geometric mean) | 기하 평균 |
| 차일드(child) | 아래 |
| 채널(channel) | 통신로 |
| 채팅(chatting) | 대화 |
| 체인(chain) | 사슬 |

| 순화 대상 | 순화어 |
|---|---|
| 체인지(change) | 바꾸기 |
| 체인지 디렉터리(change directory) | 방바꾸기, 자료방 바꾸기 |
| 체크(check) | 검사 |
| 체크섬(checksum) | 검사합 |
| 칩(chip) | 회로석 |
| 카운터(counter) | 계수기 |
| 카운트(count) | 계수 |
| 카탈로그(catalogue) | 목록 |
| 카피(copy) | 복사 |
| 카피라이트(copyright) | 저작권 |
| 카피 프로텍션(copy protection) | 복사 방지 |
| 칼럼(column) | 세로, 세로칸 |
| 칼럼 블럭(column block) | 세로덩이, 세로구역 |
| 캐드(CAD : computer-aided design) | 전산 설계, 전산 도움 설계 |
| 캐드캠(CAD/CAM : computer-aided design / computer-aided manufacturing) | 전산 설계 제조, 전산 도움 설계 제조 |
| 캐리(carry) | 올림 |
| 캐리어(carrier) | 나르개 |
| 캐리지 리턴(carriage return : CR) | 복귀 |
| 캐릭터(character) | 문자 |
| 캐릭터 레코그니션(character recognition) | 문자 인식 |
| 캐릭터리스틱(characteristic) | 지수 |
| 캐릭터 사이즈(character size) | 문자 크기 |
| 캐릭터 세트(character set) | 문자 집합 |
| 캐릭터스 퍼 세컨드 (characters per second : cps) | 초당 문자 수 |
| 캐릭터 퍼 인치(characters per inch : cpi) | 인치당 문자 수 |
| 캐소우드(cathode) | 음극 |
| 캐소우드 레이 튜브 (cathode ray tube : CRT) | 음극(선)관 |
| 캐스케이드(cascade) | 층계형 |
| 캐스케이드 커넥션(cascade connection) | 층계형 이음 |
| 캐치(cache) | 시렁 |
| 캐치 메모리(cache memory) | 시렁 기억, 시렁 기억장치 |

| 순화 대상 | 순화어 |
|---|---|
| 캔슬(cancel) | 없앰 |
| 캘큘레이션(calculation) | 셈 |
| 캘큘레이터(calculator) | 계산기 |
| 캘큘레이트(calculate) | 셈하다 |
| 캠(CAM : computer-aided manufacturing) | 전산 제조, 전산도움 제조 |
| 캡스 록 키(caps lock key) | 대문자쇠, 대문자 글쇠 |
| 캡처(capture) | 갈무리 |
| 커널(kernel) | 핵심, 알맹이 |
| 커넥션(connection) | 잇기, 이음 |
| 커넥터(connector) | 이음기, 연결기 |
| 커넥트(connect) | 잇다 |
| 커런트(current) | 현재 |
| 커런트 드라이브(current drive) | 현재 돌리개 |
| 커런트 디렉토리(current directory) | 현재 자료방 |
| 커먼(common) | 공통 |
| 커뮤니케이션(communication) | 통신 |
| 커뮤니케이션 소프트웨어<br>(communication software) | 통신 무른모,<br>통신 소프트웨어 |
| 커뮤니케이션 프로토콜<br>(communication protocol) | 통신 규약 |
| 커서(cursor) | 깜빡이, 반디 |
| 커서 키(cursor key) | 깜빡이쇠, 깜빡이키,<br>반디글쇠, 반디키 |
| 커스터마이즈(customize) | 맞춤 |
| 커스텀 칩(custom chip) | 맞춤석, 맞춤회로석 |
| 커트(cut) | 자르기 |
| 커트 앤드 페이스트(cut-and-paste) | 잘라붙이기 |
| 커패서티(capacity) | 용량 |
| 컨디셔널 브런치(conditional branch) | 조건부 가름 |
| 컨디셔널 브런칭(conditional branching) | 조건부 가르기 |
| 컨디셔널 스테이트먼트<br>(conditional statement) | 조건문 |
| 컨디셔널 점프(conditional jump) | 조건부 건너뜀 |
| 컨디션(condition) | 조건 |

| 순화 대상 | 순화어 |
|---|---|
| 컨버젼(conversion) | 변환 |
| 컨버젼 테이블(conversion table) | 변환표 |
| 컨버젼 프로그램(conversion program) | 변환 풀그림, 변환 프로그램 |
| 컨버터(converter / convertor) | 변환기 |
| 컨버트(convert) | 변환 |
| 컨스턴트(constant) | 상수 |
| 컨텍스트(context) | 문맥 |
| 컨트롤(control) | 제어 |
| 컨트롤러(controller) | 제어기 |
| 컨트롤 버스(control bus) | 제어 버스 |
| 컨트롤 브레이크(control-break) | 제어-중단 |
| 컨트롤 캐릭터(control character) | 제어 문자 |
| 컨트롤 컴퓨터(control computer) | 제어용 전산기 |
| 컨트롤 키(control key) | 제어쇠, 제어키 |
| 컨트롤 패널(control panel) | 제어판 |
| 컨트롤 프로그램(control program) | 제어 풀그림, 제어 프로그램 |
| 컨피결(configure) | 구성하다 |
| 컨피규레이션(configuration) | 구성 |
| 컨피그닷 시스(config.sys) | 구성 체계 |
| 컬러 그래픽스(color graphics) | 색그림 인쇄 |
| 컬러 그래픽스 어댑터<br>　　(Color Graphics Adapter : CGA) | 색그림 맞춤틀,<br>색그림 접합기 |
| 컬러 디스플레이(color display) | 색표시 장치 |
| 컬러 모니터(color monitor) | 색채 화면기 |
| 컬러 프린터(color printer) | 색채 인쇄기 |
| 컴파운드 스테이트먼트<br>　　(compound statement) | 복합문 |
| 컴파일(compile) | 옮김, 번역 |
| 컴파일러(compiler) | 옮김틀, 번역기 |
| 컴패리즌(comparison) | 비교 |
| 컴패티블(compatible) | 호환되는 |
| 컴패티빌리티(compatibility) | 호환성 |
| 컴팩션(compaction) | 압축 |
| 컴페어(compare) | 비교, 비교하다 |

| 순화 대상 | 순화어 |
|---|---|
| 컴퓨터(computer) | 전산기, 셈틀, 슬기틀 |
| 컴퓨터 게임(computer game) | 전산 놀이 |
| 컴퓨터 그래픽스(computer graphics) | 전산 그림 |
| 컴퓨터 네트워크(computer network) | 전산망 |
| 컴퓨터 랭귀지(computer language) | 전산기 언어 |
| 컴퓨터 바이러스(computer virus) | 전산균, 셈틀균 |
| 컴퓨터 센터(computer center) | 전산실 |
| 컴퓨터 시뮬레이션(computer simulation) | 전산 모의 실험 |
| 컴퓨터 시스템(computer system) | 전산 체계 |
| 컴퓨터 아키텍처(computer architecture) | 전산기 얼개 |
| 컴퓨터 프로그래머(computer programmer) | 전산 풀그림사, 전산 프로그램(전문)가 |
| 컴퓨터 프로그램(computer program) | 전산 풀그림, 전산 프로그램 |
| 컴퓨팅(computing) | 전산 |
| 컴플리먼트(complement) | 채움수 |
| 컴플리먼트 온 원(complement on 1) | 일의 채움수 |
| 컴플리먼트 온 텐(complement on 10) | 십의 채움수 |
| 컴플리먼트 온 투(complement on 2) | 이의 채움수 |
| 컴플리먼터리(complementary) | 채우는, 채움 |
| 컴플리먼터리 오퍼레이션 (complementary operation) | 채움셈 |
| 컴플리먼터리 오퍼레이터 (complementary operator) | 채움셈 기호 |
| 케이블(cable) | 뭇줄 |
| 케이블 텔레비전(cable television) | 유선 텔레비전 |
| 케이블 티브이(cable TV) | 유선 티브이 |
| 코드(code) | 부호 |
| 코드 컨버전(code conversion) | 부호 변환 |
| 코드 컨버터(code converter) | 부호 변환기 |
| 코딩(coding) | 부호화 |
| 코렉션(correction) | 바로잡기 |
| 코맨드(command) | 명령 |
| 코맨드 라인(command line) | 명령줄, 명령행 |
| 코멘트(comment) | 설명 |

| 순화 대상 | 순화어 |
|---|---|
| 코어(core) | 알맹이 |
| 코엑시얼 케이블(coaxial cable) | 둥근 뭇줄, 둥근 케이블, 동축 케이블 |
| 코우션트(quotient) | 몫 |
| 코우티드 스트링(quoted string) | 따옴열, 따옴문자열 |
| 코이피션트(coefficient) | 계수 |
| 코프로세서(coprocessor) | 도움처리기, 보조처리기 |
| 콘솔(console) | 조종대 |
| 콘솔 디스플레이(console display) | 조종대 표시 장치 |
| 콘트라스트(contrast) | 대비 |
| 콜(call) | 불러내기 |
| 콜드 부트(cold boot) | 첫띄우기 |
| 콜드 스타트(cold start) | 첫시작 |
| 콜리젼(collision) | 부딪힘 |
| 콜 바이 네임(call by name) | 이름으로 불러내기 |
| 콜 바이 레퍼런스(call by reference) | 참조로 불러내기 |
| 콜 바이 밸류(call by value) | 값으로 불러내기 |
| 콤비네이션(combination) | 짜맞춤, 조합 |
| 콤팩트 디스크(compact disk : CD) | 압축판, 압축 저장판 짜임판, 짜임 저장판 |
| 콤플렉스 넘버(complex number) | 복소수 |
| 퀀티파이어(quantifier) | 정량자 |
| 퀄리파이어(qualifier) | 정성자 |
| 쿼리(query) | 질문, 조회 |
| 쿼리 랭귀지(query language) | 질문 문자, 조회 문자 |
| 퀴트(quit) | 끝냄 |
| 퀵 소트(quick sort) | 빠른 정렬, 빠른 차례짓기 |
| 큐(queue) | 대기열 |
| 크레이트(create) | 만들기, 만들다 |
| 클러스터(cluster) | 다발 |
| 클러스터링(clustering) | 다발짓기 |
| 클럭(clock) | 시계 |
| 클럭 시그널(clock signal) | 시계 신호 |
| 클럭 제너레이터(clock generator) | 시계 생성기 |

| 순화 대상 | 순화어 |
|---|---|
| 클럭 프리퀀시(clock frequency) | 시계 주파수 |
| 클로즈(close) | 닫음, 닫기 |
| 클로즈드 루프(closed loop) | 닫힌 맴돌이 |
| 클로즈드 서킷 텔레비전 (closed circuit television) | 닫힌 텔레비전, 닫힌 회로 텔레비전 |
| 클론(clone) | 복제품 |
| 클리어(clear) | 지움, 지우기 |
| 클리핑(clipping) | 오려냄, 오려내기 |
| 클릭(click) | 딸깍 |
| 클립(clip) | 오림, 오리기 |
| 클립보드(clipboard) | 오려둠판, 오림판 |
| 키(key) | 글쇠, 쇠 |
| 키 디스크(key disk) | 열쇠판, 열쇠 저장판 |
| 키보드(keyboard) | 글쇠판, 자판 |
| 키스트로크(keystroke) | 글쇠 누름 |
| 키 워드(key word) | 핵심어 |
| 키트(kit) | 맞춤짝 |
| 킬(kill) | 없앰 |
| 타글>토글(toggle) | 똑딱 |
| 타글 스위치>토글 스위치(toggle switch) | 똑딱 엇바꾸개, 똑딱 스위치 |
| 타글 키>토글 키(toggle key) | 똑딱쇠, 똑딱 글쇠 |
| 타깃(target) | 대상 |
| 타깃 디스크(target disk) | 대상판, 대상 저장판 |
| 타깃 컴퓨터(target computer) | 대상 전산기 |
| 타이머(timer) | 시계 |
| 타임 셰링((영)) / 타임 셰어링(time-sharing) | 시간 나눠쓰기, 시분할 |
| 타임 셰링 시스템 / 타임 셰어링 시스템 (time-sharing system) | 시간 나눠쓰기 체계, 시분할 체계 |
| 타임 아웃(time out) | 시간끝 |
| 타입(type) | 꼴, 유형 |
| 타입(TYPE) | 보기 |
| 탈러런스((미))>톨러런스(tolerance) | 허용 한계 |
| 태그(tag) | 꼬리표 |
| 태블릿(tablet) | 자리판 |

| 순화 대상 | 순화어 |
|---|---|
| 태스크(task) | 작업 |
| 탭(tab) | 징검, 징검돌 |
| 탭 키(tab key) | 징검쇠, 징검 글쇠 |
| 터미널(terminal) | 단말, 단말기 |
| 터미널 인터페이스(terminal interface) | 단말기 사이틀 |
| 터치 스크린(touch screen) | 만지기 화면 |
| 턴어라운드 타임(turnaround time) | 반환 시간 |
| 턴 오프(turn off) | 끔 |
| 턴 온(turn on) | 켬 |
| 턴키 시스템(turnkey system) | 일괄 공급 체계 |
| 테스트(test) | 시험 |
| 테스트 프로그램(test program) | 시험 풀그림 |
| 테이블(table) | 표 |
| 테일(tail) | 꼬리 |
| 테크니컬 서포트(technical support) | 기술 지원 |
| 텍스처(texture) | 그물짜기 |
| 텍스트(text) | 문서, 글월 |
| 텍스트 에디터(text editor) | 문서 편집기, 글월 편집기 |
| 텍스트 에디팅(text editing) | 문서 편집, 글월 편집 |
| 텍스트 파일(text file) | 문서철, 글월 기록철 |
| 텔레그래프(telegraph) | 전신 |
| 텔레커뮤니케이션(telecommunication) | 통신, 전기 통신 |
| 텔레텍스트(teletext) | 문자 방송 |
| 템퍼러리 스토리지(temporary storage) | 임시 저장장치 |
| 템퍼러리 파일(temporary file) | 임시철, 임시 기록철 |
| 템플릿(template) | 보기판 |
| 토큰(token) | 징표 |
| 토털 시스템>토탈 시스템(total system) | 종합 체계 |
| 톤(tone) | 음조 |
| 투 디멘셔널 어레이<br>(two-dimensional array) | 이차원 배열 |
| 툴(tool) | 연장 |
| 툴키트(toolkit) | 연장 모음 |
| 튜닝(tuning) | 세부 조정 |

| 순화 대상 | 순화어 |
|---|---|
| 튜토리얼(tutorial) | 지침, 지침서 |
| 튜토리얼 프로그램(tutorial program) | 지침 풀그림, 지침 프로그램 |
| 트래픽(traffic) | 소통, 소통량 |
| 트래픽 컨트롤 시스템 (traffic control system) | 소통 제어 체계 |
| 트래핑(trapping) | 사다리놓기 |
| 트랙(track) | 테, 저장테 |
| 트랙 덴시티((미))>트랙 덴서티((영)) (track density) | 테 밀도, 저장테 밀도 |
| 트랙 볼(track ball) | 테공, 저장테 공 |
| 트랙스 퍼 인치(tracks per inch) | 인치당 테/트랙의 수 |
| 트랜스미션(transmission) | 전송 |
| 트랜스미션 스피드(transmission speed) | 전송 속도 |
| 트랜스미트(transmit) | 전송하다 |
| 트랜스퍼(transfer) | 이송, 옮김 |
| 트랜스퍼메이션>트랜스포메이션 (transformation) | 변환 |
| 트랜스폼(transform) | 변환하다 |
| 트랜슬레이션(translation) | 번역 |
| 트랜슬레이터(translator) | 번역기 |
| 트랜슬레이트(translate) | 번역(하다) |
| 트랜시언트 프로그램((미)) / 트랜지언트 프로그램((영)) (transient program) | 비상주 풀그림, 비상주 프로그램 |
| 트랜싯(transit) | 거쳐 보냄 |
| 트랜잭션(transaction) | 변동 자료 |
| 트랜잭션 파일(transaction file) | 변동철, 변동 기록철 |
| 트랩(trap) | 사다리 |
| 트러블슈트(troubleshoot) | 고장고치기 |
| 트렁케이션(truncation) | 끊음, 끊기 |
| 트렁케이트(truncate) | 끊다 |
| 트레이스(trace) | 뒤쫓기, 추적 |
| 트레일러(trailer) | 정보 꼬리 |
| 트루(TRUE) | 참 |

| 순화 대상 | 순화어 |
|---|---|
| 트리(tree) | 나무꼴 |
| 트리거(trigger) | 방아쇠 |
| 파셜 섬(partial sum) | 부분합 |
| 파워(power) | ①전원 ②제곱, 승 |
| 파이프(pipe) | 연결 |
| 파인드(find) | 찾기 |
| 파인드 앤드 리플레이스(find and replace) | 찾아바꾸기 |
| 파일(file) | 철, 기록철 |
| 파일네임(filename) | 철 이름, 기록철 이름, 파일 이름 |
| 파일네임 익스텐션(filename extension) | 철 이름 확장자, 기록철 이름 확장자, 파일 이름 확장자 |
| 파일 매니저(file manager) | 철 관리자, 기록철 관리자, 파일 관리자 |
| 파일 백업(file backup) | 여벌철 만들기, 여벌철 만들다 |
| 파일 시스템(file system) | 철 체계, 기록철 체계, 파일 체계 |
| 파일 트랜스퍼 프로토콜 (file transfer protocol) | 철 옮김 규약, 기록철 옮김 규약, 파일 옮김 규약 |
| 파츠(parts) | 부품 |
| 파킹(parking) | 둠 |
| 파티션(partition) | 가르기 |
| 판 뉴먼 컴퓨터(von Neuman computer) | 노이만형 전산기 |
| 팜톱 컴퓨터(palmtop computer) | 손바닥 전산기 |
| 팝업(pop-up) | 불쑥 |
| 팝업 메뉴(pop-up menu) | 불쑥 차림표 |
| 팝업 윈도우(pop-up window) | 불쑥 창 |
| 패드(pad) | 느리개, 채우개 |
| 패들(paddle) | 젙손 |
| 패스(pass) | 과정 |
| 패스워드(password) | 암호 |
| 퍼래미터(parameter) | 매개 변수 |
| 패러렐(parallel) | 병렬 |
| 패러렐 인터페이스(parallel interface) | 병렬 사이틀 |

| 순화 대상 | 순화어 |
|---|---|
| 패러렐 컴퓨터(parallel computer) | 병렬 전산기 |
| 패러렐 프로세싱(parallel processing) | 병렬 처리 |
| 패러렐 프린터(parallel printer) | 병렬 인쇄기 |
| 패러티(parity) | 홀짝 맞춤 |
| 패러티 비트(parity bit) | 홀짝 비트 |
| 패러티 에러(parity error) | 홀짝 틀림 |
| 패러티 체크(parity check) | 홀짝 검사 |
| 패밀리(family) | 가족 |
| 패스(path) | 길, 경로 |
| 패스네임(pathname) | 길이름, 경로명 |
| 패스트오픈(fastopen) | 빨리열기 |
| 패치(patch) | 깁다 |
| 패칭(patching) | 깁기 |
| 패키지(package) | 꾸러미 |
| 패킷(packet) | 다발 |
| 패킷 스위칭(packet switching) | 다발 엇바꾸기,<br>다발 전환하기, 다발 교환기 |
| 패턴(pattern) | 도형 |
| 팩(pack) | 압축 |
| 팩스(fax) | 모사전송기 |
| 팩터(factor) | 인수 |
| 팩토리얼(factorial) | 순차곱셈 |
| 팩토리 오토메이션(factory automation) | 공장 자동화 |
| 퍼 넥스트 루프(for-next loop) | 부터-까지 맴돌이 |
| 퍼리퍼럴(peripheral) | 주변 장치 |
| 퍼리퍼럴 디바이스(peripheral device) | 주변 장치 |
| 퍼리퍼럴 이퀴먼트(peripheral equipment) | 주변 장치 |
| 퍼블릭 도메인 프로그램<br>    (public domain program) | 공개 풀그림, 공개 프로그램 |
| 퍼스널 컴퓨터(personal computer : PC) | 개인용 전산기 |
| 퍼스트인 퍼스트아웃<br>    (first-in first-out : FIFO) | 처음먼저내기 |
| 퍼실러티(facility) | 설비 |
| 퍼즈 / 포즈(pause) | 쉼 |

| 순화 대상 | 순화어 |
|---|---|
| 퍼트(port) | 나들목 |
| 퍼포먼스(performance) | 성능 |
| 퍼폼(perform) | 수행 |
| 펀치(punch) | 구멍 |
| 펀치 카드(punch card) | 뚫음 카드 |
| 펀치 카드 리더(punch card reader) | 뚫음 카드 읽개, 뚫음 카드 판독기 |
| 펀치 카드 시스템(punch card system) | 뚫음 카드 체계 |
| 펄스(FALSE) | 거짓 |
| 펄스(pulse) | 뛰놀이 |
| 펌웨어(firmware) | 군힘모 |
| 펑크션(function) | 기능, 함수 |
| 펑크션 키(function key) | 기능(글)쇠 |
| 페어런트 디렉터리(parent directory) | 윗자료방 |
| 페이스트(paste) | 붙임, 붙이기 |
| 페이즈(phase) | 위상, 단계 |
| 페이지(page) | 쪽, 면 |
| 페이지 넘버(page number) | 쪽번호 |
| 페이지 다운 키(page down key) | 뒤쪽 글쇠, 뒷면 글쇠 |
| 페이지 업 키(page up key) | 앞쪽 글쇠, 앞면 글쇠 |
| 페이지 퍼 미닛(page per minute : ppm) | 분당 쪽수 |
| 페이지 헤딩(page heading) | 쪽머리 |
| 페이징(paging) | 쪽 매기기 |
| 페이틀 에러(fatal error) | 치명적 틀림 |
| 페이퍼 피드(paper feed) | 종이 먹임 |
| 페인팅(painting) | 색칠 |
| 페일(fail) | 실패 |
| 페일리어(failure) | 실패 |
| 패저네이션(pagination) | 쪽 매김 |
| 페치(fetch) | 꺼냄, 꺼내기 |
| 포매팅(formatting) | 틀잡기 |
| 포맷(format) | 틀잡기, 터잡기 |
| 포멀(formal) | 형식적 |
| 포멀 파라미터(formal parameter) | 형식 인자 |

| 순화 대상 | 순화어 |
|---|---|
| 포인터(pointer) | 알리개, 지시자, 지시기 |
| 포인트(point) | 점 |
| 포크(poke) | 집어넣기 |
| 포터블(portable) | 휴대용 |
| 포터블 컴퓨터(portable computer) | 휴대용 전산기 |
| 포트리트 / 포트레이트(portrait) | 세로, 세로 방향 |
| 폰트(font) | 글자체 |
| 폴트(fault) | 장애 |
| 폼(form) | 틀, 형식 |
| 폼 피드(form feed) | 용지먹임 |
| 폼 피드 캐릭터(form feed character) | 용지먹임 문자 |
| 푸쉬 / 푸시(push) | 밀어넣기 |
| 푸쉬 / 푸시 다운(push-down) | 끝먼저내기 |
| 푸쉬 / 푸시 다운 리스트(push-down list) | 끝먼저내기 목록, 끝먼저내기 죽보기 |
| 푸쉬 / 푸시 버튼(push button) | 누름 단추 |
| 푸쉬업 / 푸시업(push-up) | 처음먼저내기 |
| 푸쉬업 / 푸시업 리스트(push-up list) | 처음먼저내기 목록, 처음먼저내기 죽보기 |
| 푸터(footer) | 꼬리말 |
| 풀 다운(pull-down) | 내림 |
| 풀 다운 메뉴(pull-down menu) | 줄줄이 차림표, 내리 차림표 |
| 풀 듀플렉스(full duplex) | 전체 양방 |
| 풀 스크린(full screen) | 전체 화면 |
| 풀 스크린 에디터(full-screen editor) | 전체화면 편집기 |
| 풀 애더(full-adder) | 전체 덧셈기 |
| 풋노트(footnote) | 각주 |
| 프라이빗 라인(private line) | 사설 회선 |
| 프라이어리티(priority) | 우선권 |
| 프러시저(procedure) | 절차 |
| 프레디키트(predicate) | 술어 |
| 프레서던스(precedence) | 우선 순위 |
| 프레스(press) | 누르다 |
| 프레임(frame) | 짜임 |

| 순화 대상 | 순화어 |
|---|---|
| 프로그래머(programmer) | 풀그림사, 프로그램(전문)가 |
| 프로그래머블(programmable) | 풀그릴 (수 있는), 프로그램할 (수 있는) |
| 프로그래밍(programming) | 풀그리기, 프로그램짜기 |
| 프로그래밍 랭귀지(programming language) | 풀그림 언어, 프로그램 언어 |
| 프로그램(program) | 풀그림 |
| 프로그램 메인터넌스(program maintenance) | 풀그림 보수, 프로그램 보수 |
| 프로덕트(product) | 곱 |
| 프로버빌리티(probability) | 확률 |
| 프로세서(processor) | 처리기 |
| 프로세스(process) | ①처리 ②처리하다 |
| 프로세싱(processing) | 처리 |
| 프로세싱 유닛(processing unit) | 처리 장치 |
| 프로우브(probe) | 문안침, 탐색침 |
| 프로젝션(projection) | 비춰내기 |
| 프로젝트(project) | 일감 |
| 프로텍션(protection) | 방지 |
| 프로토콜(protocol) | 규약, 통신 규약 |
| 프로토타입(prototype) | 원형 |
| 프로포셔널 스페이싱(proportional spacing) | 비례 간격 |
| 프롬프트<프람프트(prompt) | 길잡이 |
| 프루프 리스트(proof list) | 검사 목록, 검사 죽보기 |
| 프리뷰(preview) | 미리보기 |
| 프리시전(precision) | 정밀도 |
| 프리퀀시 모듈레이션 (frequency modulation) | 주파수 변조 |
| 프리 폼(free form) | 자유 형식 |
| 프리프로세서(preprocessor) | 앞처리기 |
| 프린터(printer) | 인쇄기 |
| 프린터 인터페이스(printer interface) | 인쇄기 사이틀 |
| 프린터 컨트롤러(printer controller) | 인쇄기 제어기 |
| 프린터 헤드(printer head) | 인쇄기 머리틀 |
| 프린트(print) | 인쇄, 인쇄하다 |
| 프린트 스크린 키(print screen key) | 화면 인쇄 글쇠 |

| 순화 대상 | 순화어 |
|---|---|
| 프린트 시트(print sheet) | 인쇄 용지 |
| 프린트아웃(printout) | 인쇄 출력 |
| 프린트 포맷(print format) | 인쇄 형식 |
| 프린티드 서킷 보드(printed circuit board) | 인쇄 회로 기판 |
| 프린팅 스피드(printing speed) | 인쇄 속도 |
| 플라이트 시뮬레이터(flight simulator) | 모의 비행 장치 |
| 플래그(flag) | 깃발 |
| 플래터(platter) | 원판 |
| 플러그(plug) | 꽂개 |
| 플레인(plane) | 판 |
| 플렉시블 디스크(flexible disk) | 여린 저장판 |
| 플로(flow) | 흐름 |
| 플로차트(flowchart) | 흐름도 |
| 플로터(plotter) | 도형기 |
| 플로팅 포인트(floating point) | 떠돌이 소수점 |
| 플리커(flicker) | 흔들림 |
| 피드백(feedback) | 되먹임 |
| 피버(fiber) | 광섬유 |
| 피버 옵틱스(fiber optics) | 섬유 광학 |
| 피보나치 시퀀스(fibonacci sequence) | 피보나치 수열 |
| 피시(PC : personal computer) | 개인용 전산기 |
| 피시비(PCB : printed circuit board) | 인쇄 회로 기판 |
| 피처(feature) | 특징 |
| 피치(pitch) | 문자 밀도 |
| 피 코드(p-code) | 피부호 |
| 피크(peek) | 집어내기 |
| 피포(FIFO : first in first out) | 처음 먼저 내기 |
| 피프스 제너레이션 컴퓨터 (fifth generation computer) | 제5세대 전산기 |
| 피피아이(ppi : pixels per inch) | 인치당 화소 |
| 피피엠(ppm : page per minute) | 분당 쪽수 |
| 픽셀 / 픽셀(pixel) | 그림낱, 화소 |
| 픽셀 퍼 인치(pixels per inch : ppi) | 인치당 화소 |
| 픽스트 포인트(fixed point) | 붙박이 소수점 |

| 순화 대상 | 순화어 |
|---|---|
| 픽처(picture) | 그림 |
| 핀(pin) | 바늘 |
| 필드(field) | 기록란 |
| 필러(filler) | 채움 문자 |
| 필링(filling) | 채움, 채우기 |
| 필터(filter) | 거르개 |
| 하드 디스크(hard disk) | 굳은 (저장)판, 경성 (저장)판 |
| 하드웨어(hardware) | 굳은모 |
| 하드 카피(hard copy) | 인쇄 출력, 인쇄 복사 |
| 하이 레벌 랭귀지(high-level language) | 고급 언어 |
| 하이 레졸루션(high-resolution) | 높은해상도, 고해상도 |
| 하이 레졸루션 그래픽스 (high-res(olution) graphics) | 높은해상도 그림, 고해상도 그림 |
| 하이브리드 컴퓨터(hybrid computer) | 혼성 전산기 |
| 하이 엔드(high-end) | 고급 |
| 하프 듀플렉스(half duplex) | 반(半) 양방 |
| 하프 아더(half adder) | 반(半) 덧셈기 |
| 하프토닝(halftoning) | 점밝기 |
| 할트(halt) | 멈춤 |
| 핫 키(hot key) | 바로쇠, 바로 글쇠, 단축키 |
| 해시(hash) | 잡동사니 |
| 해싱(hashing) | 추리기 |
| 해커(hacker) | 헤살꾼, 침입자 |
| 핸드세이킹(handshaking) | 주고받기 |
| 핸드 스캐너(hand scanner) | 손훑개, 손주사기(走査器) |
| 핸드 어셈블(hand assemble) | 수동 짜맞춤 |
| 핸드 캘큘레이터(hand calculator) | 손계산기 |
| 핸들(handle) | 다룸, 다루기 |
| 핸들러(handler) | 다루개 |
| 행 업(hang-up) | 단절 |
| 헤더(header) | 머리말 |
| 헤드(head) | 머리, 머리틀 |
| 헤드 클리닝 디스크(head-cleaning disk) | 닦기판, 머리틀 닦기판 |
| 헤딩(heading) | 머리말 |

| 순화 대상 | 순화어 |
|---|---|
| 헥사데시멀(hexadecimal) | 십육진 |
| 헥사데시멀 넘버(hexadecimal number) | 십육진수 |
| 헬프(help) | 도움말 |
| 호로잔틀 체크(horizontal check) | 수평 검사 |
| 호스트 컴퓨터(host computer) | 주전산기 |
| 홀로그래피(holography) | 입체 영상 |
| 홈 컴퓨터(home computer) | 가정용 전산기 |
| 홈 키(home key) | 머리쇠, 머리 글쇠 |
| 히든(hidden) | 숨은 |
| 히든 라인(hidden line) | 숨은줄 |
| 히든 파일(hidden file) | 숨은철, 숨은 기록철 |
| 히트(hit) | 적중 |
| 힙(heap) | 더미 |

# 참고 글

한결 김윤경 선생의 생애·············박종국

  Ⅰ. 머리말 ·····················158
  Ⅱ. 한결 선생의 삶··············159
  Ⅲ. 한결 선생 기념사업···········181
  Ⅳ. 맺음말 ·····················184

제43회(2021년) 외솔상 실천부문 수상소감·············박종국

국어순화추진회 연혁············박은화

# 한결 김윤경 선생의 생애

박종국*

<차 례>

I. 머리말
II. 한결 선생의 삶
   가. 신학문에의 길과 주시경 선생과의 만남
   나. 창신학교 교사 때와 연희전문학교 학창 시절
   다. 배화학교 교사 때와 입교대학 학창 시절
   라. 수양동맹회 창설과 동우회 사건
   마. 조선연구회 창립과 조선어학회 사건
   바. 연희전문과 연세대학교 교수 시절
   사. 한양대학교 교수와 산업시찰
   아. 한결 선생의 학문
III. 한결 선생 기념사업
IV. 맺음말

---

* 세종대왕기념사업회 명예회장 · 국어순화추진회 회장 / 국어학 전공
  (※ 이 글은 필자의 논문 「한결 김윤경 선생의 생애」(「애산학보」 제36집, 한글학회, 2010년 4월 5일)에서 수정한 것이다.)

## Ⅰ. 머리말

한결 김윤경 선생은 우리나라에 현대화의 물결이 밀려오던 갑오경장의 해인 1894년(고종 31년) 6월 9일(음력 5월 6일) 경기도 광주군 오포면 고산리에서 아버님 경주김씨 김정민(金正民)과 어머님 밀양박씨의 장남으로 태어났다. 이때는 전쟁 바람이 불기도 하였지만, 나라의 선각자들이 우리말에 맞는 우리글인 한글의 가치를 진정 깨닫고 이로써 국민 생활의 모든 방면에 새로운 생기를 불러일으키기에 갖은 노력을 다하는 때이었다.

그러나, 선생이 나시자마자 나라의 운명은 기구 다난하였고, 세계의 격동은 파란만장이었다. 동학란, 청일전쟁, 노일전쟁, 보호조약과 의병의 항일투쟁, 만주사변, 중일전쟁, 제1차 세계대전, 제2차 세계대전, 해방과 남북 분열의 비극, 6·25 한국전쟁, 4·19 학생혁명, 5·16 군사혁명 등 이루 다 들 수 없을 정도이다.

이러한 어지러운 환경에서도 남달리 깊은 생각을 가진 선생의 생애는 나라와 겨레를 구하는 운동으로 일관하였다. 선생은 불의에는 어떠한 일이 있어도 굽히지 않으셨다. 나라가 일본인에게 강점 당한 뒤 우리 겨레가 독립하기 위해 일으킨 3·1운동 때에는 연희전문의 학생 신분으로 그 집회 장소인 파고다 공원에 나아가 만세를 부르고 시위 행진에 참가하였고, 그 다음해는 전문대학 학생들이 중심이 된 '조선학생대회'를 조직, 이 회의 대표자가 되어 활동하였으며, '수양동맹회'(동우회)를 조직하고, '조선어연구회'(한글학회 전신)의 창립 발기인으로, 창립 후 계속 중추적 구실을 하면서 우리 말·글을 지키고 연구하고 교육하여 발전시키는데 평생을 바치시었다.

때문에 선생의 세계는 크게 세 방면으로 나누어 볼 수가 있으니, 그 첫째는 국어학적 연구 업적이고, 그 둘째는 교육적인 업적이며, 그 셋째는 나라

사랑과 겨레 건지는 운동의 업적이 그것이다.

선생의 국어학적 연구의 결과로는 열 가지가 넘는 저서로 나타났지만은, ≪조선문자급어학사≫(한국문자급어학사)와 ≪고급용 나라말본≫(고등 나라말본)은 선생의 저술 중 가장 권위 있을 뿐 아니라 20세기 국어학의 큰 수확으로 손꼽히는 명저이다.

교육에 있어서는 해방 전에는 배화와 성신여학교에서 새 여성 교육에 몸을 바치시고, 광복된 조국의 대학 교육의 방향을 세우는데 큰 업적을 남겼을 뿐 아니라, 교육자의 이상적인 모습은 어떠해야 할 것인가를 후학들에게 가르쳐 주었음은 물론 사람 만들기에 힘을 다한 것이다. 나라 사랑과 겨레 건지는 운동에 있어서는 우리말·글의 올바른 길을 온 국민 앞에 보이면서 온 국민이 함께 국어순화운동에 손을 잡을 것을 외치며 가르치는데 앞장선 것이 그것이다.

따라서 여기에서는 한결 김윤경 선생의 생애에 있어서 위의 이러한 사항들을 한데 묶어 몇 토막으로 나누어 차례대로 간략히 살펴보고 끝으로 한결선생기념사업 상황에 대하여 알아보기로 한다.

## Ⅱ. 한결 선생의 삶

### 가. 신학문에의 길과 주시경 선생과의 만남

한결 선생은 어린 나이인 다섯 살 때부터 열네 살 때까지 고향에서 한문을 수학하였다. 그때 중국의 역사책이라 할 수 있는 <<통감>>에는 많은 인물의 이름과 지명이 나타나므로 선생은 그 사람들의 전기와 땅의 위치를 알고 싶어, 훈장에게 늘 물어 보았으나, 훈장은 하나도 대답하지 못할 뿐만 아니라, 늘 성을 내며,1)

"내가 아니? 《통감강목》을 사 보려므나! "

라고 하였다고 한다. 그리하여 한결 선생은 훈장의 그 무책임한 대답에 불만은 자꾸 커지게 되었다.

선생의 어린 시절인 이 무렵, 선생의 향리에도 기독교가 파급되어 서울에서 미국인 목사와 한국인 매서인(賣書人), 전도인들이 번갈아 순시하러 오는데, 그들은 올 때마다 늘 한결 선생의 집에서 묵곤 했었다. 그들은 올 때마다 선생의 아버지 김정민에게 맏아드님을 글방에서 시대에 뒤떨어진 한문만을 공부시키지 말고, 서울로 보내어 신학문을 공부시키라고 권고하였다.

한결 선생은 나이 14세 때인 1907년 12월 8일 경기도 용인군 모현면 개일리 백낙순(白樂舜)씨의 장녀와 결혼을 하고, 15세 되던 1908년, 드디어 서구의 문화와 새 교육을 받아 신학문을 닦기 위해 서울에 올라와서 이 해 4월 2일 사립 우산학교(牛山學校)에 입학하였다가 12월에 의법학교(懿法學校)로 전학하여 1909년 7월 9일 의법학교를 졸업하고, 9월 1일에는 의법학교 고등과 1학년에 입학하였다.

선생은 나이 17세 되던 1910년부터 동서 위인의 전기・역사・철학서 등 수양 서류를 읽기 시작하며, 또 날마다 일기를 쓰기 시작하였는데, 수양 서류에서 읽어 얻어 만고 불멸의 진리라고 느끼어진 격언은, 일기 겉장 속에 적어 놓고, 날마다 이에 비추어 본인 자신의 행위를 반성하여 보게 되었다[2]한다. 그리고 이 해 7월 4일 의법 학교 고등과 1학년을 수료하였다. 선생은 이때 향리 글방 생활에서 불만이 가득한 반대로, 서울 학교에서 신학문을 배우던 것이 매우 상쾌하였다.

---

1) 《한결글모음(Ⅲ)》(광문출판사, 1975. 5. 15) 126~127쪽 "신학문에의 동경"(서울 중고교의 <<경희>>Ⅱ집 39쪽) 참고.
2) 《한결글모음(Ⅲ)》 213쪽 "사랑・자유・평등 ―나의 좌우명―"(<<교통>> 5권 47호, 1958. 11. 1) 참고.

또한, 선생은 의법학교 학생시절 나이 16세 되던 1909년 6월 6일, 서울 정동 예배당에서 최병헌(崔炳憲)에게 세례 받았는데, 선생의 가족들은 이미 선생이 11세 때인 1904년 1월 향리에서 아버지(37세)가 기독교 신자가 됨에3) 따라 모두 기독교를 믿기 작정했던 것이다.4)

한결 선생이 15세 때 서울로 신교육을 받으러 올라올 때, 선생의 아버지께서 교훈하시기를,

"예수의 교리에 좇아 살라."

라고 하셨다. 선생은 그 후 아버지의 이 교훈을 좇아 독실한 기독교인이 되셨음은 물론, 신학문교육도 대학까지 기독교 계통의 학교에서 계속 공부하셨다.

그리고 선생은 의법학교 고등과 1학년을 수료하고, 18세 되던 1911년 1월 19일 서울 상동청년학원(尙洞靑年學院 : 상동교회 진덕기 목사가 교장으로 있던 청년학원)에 입학하여5) 2년 동안 주시경 선생에게서 국어 문법을 교수 받고, 20세 되던 1913년 3월 28일 졸업하였다. 한결 선생의 회고담에 따르면, 선생은 이 시기에 주시경 선생에게서 본인의 일생을 지배할 큰 감격을 받아 국어학에 뜻을 굳히게 되었다 하였으니, 당시 주시경 선생에게서 국어 문법을 강의 받을 때, 주시경 선생이 그 교수 시간에 한 말의 요지를 다음과 같이 말하고 있다.

"일전에 영국 왕립협회의 아시아 지부장이요, 선교사인 께일(G. S. Gale) 박

---

3) ≪연세춘추≫ 171호(1959. 6. 20)~178호(동년 9. 21) 연재 "거듭나자"(연세대학교 채플에서 한결 선생님이 학생들에게 하신 말씀) 참고.
4) ≪한결글모음(Ⅲ)≫ 41쪽 "국어 연구와 나"에서는 13세 되던 광무 10년 병오(1906) 1월 12일로 되어 있음.
5) ≪한결글모음(Ⅲ)≫ 41쪽 "국어 연구와 나"(≪연세춘추≫ 123호(1958. 3. 25), 124호(동년 4. 7))에서는 13세 되던 광무 10년 병오(1906) 1월 12일로 되어 있음.

사가 부르기에 갔었다. 그는 우리나라 문화를 연구하느라고 세종 임금의 사적을 살피어보았는데, 여러 가지 업적이 많은 중에 훈민정음이란 한국 글(한글)을 만들어 내심에 탄복하지 않을 수 없다고 말하면서, 세종 임금은 한국에서만 위대한 임금이 아니라 세계적으로 위대한 임금이라 칭찬하고, 훈민정음은 세계의 고금문자 중에 가장 과학적인 훌륭한 글이라고 칭찬함을 들었다.
　그런데 우리는 도리어 국문을 천대하고 무시하여, 그 어려운 외국 글인 한문만 배워서 쓰면서, 국문은 배우지도 쓰지도 아니하니 한심한 일이다."

이 주시경 선생의 말씀을 들은 한결 선생은 여태까지 남의 글, 가장 어려운 글인 한문을 진서로, 양반이 배울 글이라는 썩은 사대사상에 젖어 오던 본인에게, 우리글이 우리의 오직 하나 되는 보배임을 깨닫게 하였고, 또 본인의 일생을 좌우할 큰 감격을 느끼게 한 것이었다고 하였다.6)

한결 선생의 그 때까지의 우리글에 대한 그릇된 인상을 정반대로 뒤집게 만들었다. 선생은 주시경 선생의 교수를 받기 전인 중학 시절에 자연 과학 방면, 특히 수학에 많은 취미를 가지었었고, 성적도 늘 만점이나 만점에 가깝게 받았으므로, 이 방면으로 전공하고 싶은 생각도 강하였었다. 그러나, 우리말, 우리글과 나라사랑에 대한 주시경 선생에게서 받은 감격은 이 충동을 이기고도 남음이 있어서 결국 부지불식간에 국어연구의 방향으로 발길을 옮기어 오늘까지 변하지 않게 되었다고 하였다.

이와 같이 새 학문의 길을 택한 후 선생의 한힌샘 주시경 스승과의 만남은 학문만이 아니라 사람의 목적인 사람다운 사람이 되기 위한 길을 열어준 은인의 조우라 하겠다.

---

6) ≪한결글모음(Ⅲ)≫ 310~311쪽 "나의 인생과 나의 학문"(<<현대문학>> 통권 127호, 1965. 7. 1), 같은 책 126~127쪽 "신학문에의 동경"(서울 중고교의 <<경희>>Ⅱ집 39쪽), 같은 책 46쪽 "국어학자로서의 밟아온 길"(<<시조>> 1권 3호, 1958. 8. 1), ≪조선문자급어학사≫ 서(序) 참고.

## 나. 창신학교 교사 때와 연희전문학교 학창 시절

한결 선생은 상동 청년학원에서 주시경 선생의 가르침을 받고 20세 되던 1913년 4월 8일 경상남도 마산부 창신학교(昌信學校) 고등과 교사로 피임되어 '국어 문법'을 강의하였다. 선생은 이 학교에서 4년간 근무하다가 24세 되던 1917년 3월 24일 연희전문학교에 입학하기 위하여 교사직을 사임하였는데, 이 학교 교사 시절 한뫼[桓山] 이윤재(李允宰) 선생을 처음 사귀게 되어 말본에 대한 의문점을 같이 토의하였다.7)

선생은 역사의 취미와 섭렵으로나 국어에 대한 열심으로나, 인생관·사회관으로나, 이윤재 선생과 가장 가까운 벗의 하나가 되어, 그 때부터 '조선어학회사건'으로 인한 함흥감옥에서 갈리게 되기까지 삼십여 년을 돈독하게 우정을 변함없이 지켜왔다. 또 선생은 창신학교 교사 시절인 1917년 1월 '조선어 연구의 기초'라는 논문을 쓰기도 하였다.

그러나, 선생은 창신학교 교사직을 사임하고 3월 26일 마산을 떠나 상경하여 4월 6일 연희전문학교 문과 1학년에 입학하여 2년만인 1919년 3월 1일 3·1 독립운동으로 1년간 휴학하였다가 5년 만인 1922년 3월 24일 졸업하였다. 선생은 3·1운동 당시 파고다 공원에서 만세를 부르고 시위 행진을 하였고, 3월 5일 남대문 정거장(서울역) 앞에서의 시위에도 참가하였는데,8) 이때 일제 경찰의 위협이 가해 오자 학업을 중단하고 피신하다가 휴학 중에 서강(西江) 의법학교(懿法學校)에서 교수하였다. 이로 인해 선생은 4년제 학교를 5년 만에 졸업하게 되었던 것이다.

그리고 선생은 연희전문학교를 입학한 다음 해인 1918년 3월에 시(詩) '행복의 배필'을 지어 《청춘》지에 당선 되었다. 또 연희전문 재학시절 연희전문학교 학생청년회가 주동이 되어 서울시내 고등보통학교 및 전문학

---

7) 《한결글모음(Ⅲ)》 378쪽 "환산 이윤재 언니를 그리워함" 참고.
8) 《한결김윤경선생》 (보성문화사, 1979. 9. 5) 101쪽 "내가 본 한결 김윤경"(정석해 선생 글), 김윤경 "사필귀정"(《사상계》 1956년 5월호) 참고.

교 학생 1천여 명이 한데 모여 '조선학생들 간의 친목과 단결'을 목적으로 조직한 '조선학생대회'(1920. 5. 11~1922)에 회장으로 피선되어 이 회를 이끌기도 하였고, '조선어의 정확한 법리를 연구함'을 목적으로 조직한 '조선어연구회'(1921. 12. 3. 휘문의숙에서 조직. 그 뒤 조선어학회→한글학회로 고침) 창립회원이 되어 활동하였다. 1922년 1월에는 논문 '우리글의 예와 이제를 보아 바로 잡을 것을 말함'을 썼으며, 이 해 2월 11일 청년 남녀의 수양 기관을 표방(실제는 흥사단과 같은 목적·강령)한 '수양동맹회(修養同盟會)'를 조직하였는데, 이 때 창립회원으로 중추적 구실을 하였다.

### 다. 배화학교 교사 때와 입교대학 학창 시절

한결 선생은 청년기를 거의 마감할 나이인 29세 되던 1922년 3월 연희전문 문과를 졸업하고, 이 해 4월 1일 서울 배화여자고등보통학교(培花女子高等普通學校) 교사에 피임되었다. 그런데, 선생은 배화학교 교사로 근무한지 2년 반 만인 1924년 9월 20일 이 학교 교장 한리부의(罕利孚義 Miss Hallie Buie) 여사에게서 여성 교육에 전력을 바친 공로로 근무 특별 상금을 받았다.

선생은 32세 때인 1925년 6월 29일 ≪조선말본≫(유인합본) '소리갈'(音聲學)에 해당되는 '조선말과 글'을 탈고하였으며, 그 다음해인 1926년 1월 28일은 ≪조선말본≫(유인합본) '씨갈'과 '월갈' 글을 탈고하였다. 그리고 이 해 3월에는 공부를 더 하기 위하여 가족은 다시 고향으로 돌아가게 하고, 이 학교를 사면하였다. 이 때 이 학교에서 또 3년간의 동경 유학비를 상금(장학금)으로 받았으니, 선생이 이 학교에서 근무하는 동안 얼마나 성실하게 복무하고 연구에도 몰두하였던지 알고도 남음이 있다.

한결 선생은 1926년 4월 16일 일본 동경 입교대학(立敎大學) 문학부 사학과에 입학, 동양사를 전공하고, 3년만인 1929년 3월 21일 졸업하였다.

선생은 이 학교 졸업 논문으로 '조선 문자의 역사적 고찰'(1928. 9. 17 탈고)을 썼다. 이 논문은 당시 이 학교 학과장 이하 관계 교수와 사학회원들의 모인 자리에서 공개 발표와 문답이 있었으나 문제없이 통과 되었고, 이 논문의 일부를 뽑아서 이 대학 사학회 기관지 <<사원(史苑)>>에 발표하였다.

선생은 입교대학 사학과를 졸업하고 곧 귀국하여 1929년 4월 1일자로 다시 배화여자고등보통학교 교사에 피임되어, 1937년 6월 7일 '동우회(同友會)사건'이 일어날 때까지9) 근무하였다. 그리고 선생이 일본 유학을 마치고 귀국한 후 다시 배화학교에 근무할 때인 1929년 10월 31일 조선어사전편찬위원회 준비위원이 되고, 1930년 12월 13일에는 한글맞춤법통일안 제정위원이 되었으며, 또 <<동광>>(1926년 5월 창간) 잡지의 편집 겸 발행인인 주요한(朱耀翰) 선생의 간청으로 문학사 학위 논문인 입교대학 졸업논문을 수정, 번역하여 '조선 문자의 역사적 고찰'이란 이름으로 1931년 1월호부터 1933년 1월호까지 18회 연재하다가 그 잡지의 휴간으로 중단되었다. 또 이 무렵인 1931년 4월 5일 ≪조선말본≫의 '소리갈' 글을 개고 탈고하였는데, 1932년 7월 13일 ≪조선말본≫의 글이 「ㅂㅐㅎㅗㅏ」제 4호(23~60쪽)에 발표되었다.

한결 선생의 논문인 '조선 문자의 역사적 고찰'이 <<동광>>에 연재되다가 중단됨을 본 많은 친구와 동지들은 아쉬워하면서 그것을 출판하기를 권고하였다. 그리하여 선생은 교사 생활 등 여러 가지로 바쁘지만, 더 재료를 얻어 개고의 붓을 댄 것이 1934년 7월 4일이었다. 선생이 원고를 고치어 쓰기에 손을 든 지 4년 만에 탈고하게 되니, 이것이 그 유명한 국어학의 명저 ≪조선문자급어학사(朝鮮文字及語學史)≫의 원고이다.

그리고 선생은 1934년 7월(8월)에는 '표준어사정위원'이 되었고, 그 뒤

---

9) ≪한국사 22≫(대한민국 문교부 국사편찬위원회, 1978. 8. 24) 451쪽에는 "수양동우회 사건"이 1937년 6월 6일 일어난 것으로 되어 있음.

외래어 표기법 제정에도 많은 도움을 주었다.

한결 선생은 1936년 3월 연희전문학교 동문회 제5대 회장에 피선되어 1938년 3월까지 회장을 맡았다.

### 라. 수양동맹회 창설과 동우회 사건

동우회(同友會)의 전신인 수양동맹회(修養同盟會)는 흥사단(興士團)10)의 주지(主旨)에 좇아 흥사단의 창설자 안창호(安昌浩) 선생의 지시로 1922년 2월 11일 서울 야주개[唐珠洞: 당시 서대문 1 정목 9번지] 영혜의원(英惠醫院)에서 이광수(李光洙)·김종덕(金鍾悳)·박현환(朴賢煥)·김윤경(金允經)·강창기(姜昌基)·곽용주(郭龍周)·김기전(金起瀍)·홍사용(洪思容)·원달호(元達鎬)·이항진(李恒鎭)·김태진(金兌鎭) 등 11인이 회합하여 결성하였는데, 선생은 이 수양동맹회에 재무 책임을 맡았다. 이 회규약은 흥사단약법(興士團約法)을 일부 수정하여 채택하고, 표면으로는 회원 간의 친목과 수양을 내세웠지만 실질적으로는 흥사단 한국지부(興士團韓國支部)를 자처하였다.

그러나, 이 해 7월 평양에서 안창호 선생이 설립한 대성학교(大成學校) 출신의 김동원(金東元)·조명식(趙明植)·김성업(金性業)·이제학(李濟學)·김영윤(金永胤)·김광신(金光信)·김형식(金瀅植)·김병연(金炳淵) 등이 흥사단 약법을 규약으로 채택하고 별도로 동우구락부(同友俱樂部)를 조직하였다.11) 이 동우구락부는 한국 독립을 최대 목적으로 하고 일본인들의 눈을 피하기 위하여 친목 단체로 합법 위장하였을 뿐이었다.

이와 같이 한국 내에서 동일한 목적과 같은 단체의 계통이 두 개로 갈라져 있었으나, 1926년 1월 8일 서울에서 양 단체가 합동하여 회 이름을 '수

---

10) 1913년 5월 13일 미국 샌프란시스코에서 안창호 선생의 주도로 8도 대표에 의하여 창립됨.

11) '동우구락부'를 조직한 연월일이 1923년 1월 16일로 된 기록도 있음.

양동우회(修養同友會)'로 개칭하게 되었다. 이로써 수양동우회는 범민족적인 세력으로 성장 발전할 수 있는 계기가 마련되었다. 수양동우회는 그 뒤인 1929년 11월 23일 흥사단과 통일하여 회 이름을 '동우회(同友會)'라 결정하였다.12)

동우회는 그 뒤 '동우회사건'으로 일본 경찰에 의해 강제로 해산되었다가 1945년 8월 15일 해방과 동시에 이 단체는 '흥사단'이란 이름으로 다시 살아나게 된다.

일본의 제국주의적 식민지 확장 정책은 청일 전쟁으로 노골화 되어, 중국의 대만을 정복하고, 우리 한국을 강점하고도 만족하지 않아 만주를 정복(1931. 9. 18), 허수아비 나라를 세우고, 또 중국을 정복하기 위한 트집으로 노구교(盧溝橋) 사건을 1937년 7월 7일 일으켰다. 일본은 이 노구교 사변을 일으키기 한 달 전인 1937년 6월 6(7)일 아침에 동우회·흥사단 총검거 사건을 일으키어 동년 6월 6일부터 1938년 3월 22일까지에 걸쳐 그 회원 181인(기소 49인, 기소유예 57인, 기소중지 75인)을 잡아 가두고 야만적 고문으로 소위 치안유지법(治安維持法) 제1조 위반죄(독립운동죄)를 꾸미어 낸 것이다. 이는 마치 한국 합병 직후에 애국자의 독립 운동 비밀단체인 신민회원과 기독교 신자들을 합하여 7백여 인을 잡아, 데라우치(寺內) 총독 암살 음모라는 허구의 죄명을 씌워 '105인 사건'을 만들어 희생시키던 것과 같은 수법이다.13) 또 나중 '조선어학회 사건'을 일으킨 것도 이와 같은 수법이라 하겠다.

동우회 사건으로 한결 선생은 동우회 이사장 주요한(朱耀翰)·이광수(李光洙)·박현환(朴賢煥)·김종덕(金鍾悳)·조병옥(趙炳玉)·이윤재(李允

---

12) 김윤경 《한결국어학논집》(한결 김윤경 박사 고희기념논문집간행회, 1964. 6. 9) 401~403쪽 "동우회수난기(同友會受難記)", 《한결글모음(Ⅲ)》 424~425쪽 "동우회사건과 김병로 변호사", 《한국사 22》(대한민국 문교부 국사편찬위원회, 1978. 8. 24) 451~463쪽 "수양동우회의 항쟁" 참고.

13) 앞의 주 11) 참고.

宰)·신윤국(申允局 : 申鉉謨)·이대위(李大偉)·한승실(韓昇實)·허용성(許龍成) 님들과 함께 1937년 6월 6(7)일 제일 먼저 종로서의 형사에 의해 검거되었고, 이 해 8월 6일 동우회는 강제 해산 되었다. 그리고 선생의 배화학교 교사직은 자동적으로 면직되고 말았다. 이 때 선생은 졸업생 대표로 연희전문대학 재단 이사가 되었는데, 이 이사직도 사임하였다.

한결 선생은 동우회사건으로 검거되기 한 달 전인 이 해 5월에 ≪조선문자급어학사≫를 출판하기 위하여 출판 허가를 얻어 인쇄에 붙이었는데, 동우회사건으로 입옥된 관계로, 이 책은 선생이 직접 교정 한번 보지도 못한 채 1938년 1월 25일 발행되었다.

선생은 입옥된 지 만 1년 3개월 만인 1938년 7월 29일 보석으로 출옥하고, 그 다음해인 1939년 12월 8일에 경성지방법원에서 무죄 판결을 받았으나, 검사(檢事)가 곧 공소(控訴)하였기 때문에 경성복심법원(京城覆審法院)에서 1940년 8월 21일(22일) 징역 4년의 판결을 받아 피고측이 상고(上告)하였다.14) 그러나, 선생은 1941년 11월 17일 경성고등법원에서 다시 무죄 판결을 받았다. 이 때 상고한 피고측 36인 전부에게 무죄판결을 내리었던 것이다. 곧 어느 피압박 민족이나 마음 속에 독립과 자유를 원하는 마음을 가지지 않은 사람은 하나도 없을 것이지마는, 법은 행동의 잘못을 처벌하는 것이지 마음을 처벌할 수는 없으니, 위법 행위가 없거나 나타나지 않은 이 사건을 유죄 판결을 할 수 없다는 것이다. 피고들에게 유리한 이러한 변론은 변호사의 힘을 받지 않고는 될 수 없는 일인데, 이 때 김병로·이 인 선생들이 무료 변론하였다.

결국 동우회 회원들의 항쟁은 일본인들의 간악한 탄압과 술책에도 불구하고 그들의 신념을 끝까지 지키면서 민족정신을 다시 한 번 과시한 민족

---

14) 이 때 유죄 판결을 받은 41인 중 17인은 체형(최고 5년 징역에서 최하 2년 징역)이고, 24인은 체형 면제(징역 2년 집행유예 3년)이었는데, 이들 중 5인만 상고권을 포기하고, 그 외 36인은 상고하였음.

운동의 한 형태였다.

한결 선생은 이 사건으로 검거되어 일자리를 잃고 5년이란 긴 세월 동안 고생하였으니, 그 생활고란 어떠하였을까?

선생은 최종 판결의 선고인 고등 법원에서 무죄 판결을 받은 그 다음 해인 1942년 4월 1일 성신가정여학교(誠信家庭女學校) 교사로 피임되었으나, 이 학교에 근무하신 지 불과 6개월 만인 같은 해 10월 1일 이른바 '조선어학회사건'으로 또 다시 검거되어 해방 될 무렵까지 고생을 하였다.

### 마. 조선어연구회 창립과 조선어학회 사건

조선어연구회나 조선어학회는 오늘날의 한글학회인데, 이 학회는 1908년 8월 31일 창립 때, '국어연구학회'로 발족하였다.15) 이 학회는 그 뒤 1910년 9월 3일 (또는 17일) 회 이름을 '배달글몯음[朝鮮言文會]'로 바꾸었다가 1913년 3월 23일 다시 회 이름을 '한글모'로 바꾸었다(이때 주시경 선생이 회장에 피선됨). 이 학회는 그 뒤 1914년 7월 27일 주시경 선생의 하세(下世)와 일본인들의 억압에 못 견디어, 1917년 3월경에 가서는 활동이 완전 중단되어 해체나 다름없이 되었다.16)

---

15) 《한글모죽보기》(필사본)에 따르면 창립 회원은 주시경 선생을 비롯하여 상동청년학원(尙洞靑年學院) 하기 국어 강습소(夏期國語講習所) 졸업생과 기타 유지 제씨들이다. 초대 회장은 김정진(金廷鎭)님(《한글모죽보기》는 1975년경에 발견되어 현재 세종대학교 중앙도서관에 소장되어 있음.)

16) 조선어학회 잡지 《<한글>》 창간호 제1권 제1호(1932. 5. 1)의 37쪽 "본회중요일지"에, "조선말과 글의 과학적 연구와 통일과 보급과의 운동은, 고 주시경 선생으로부터 시작되었다. 서력 1897년에 국문동식회(國文同式會)가 조직된 후로 연구회와 강습소와 강연회 등 여러 가지 조직으로 활동하여 오다가, 그 때 몰리어 오는 풍진(風塵)에, 최후로 1915년에는 조선말글모[朝鮮語文會]도 부득이 해산함에 이르렀다. 그 뒤에 7년 동안은 아무 형식적 조직은 없었으나, 이 운동의 목숨만은 끊임없이 이어온 것이다. 그러다가 1921년 12월에야 다시 조선어연구회(朝鮮語硏究會) 라는 이름으로 새 조직이 생기어 이 운동의 중추가 되다, 작년 1월 총회에는 회명을 고쳐 조선어학회(朝鮮語學會)라 하였다. 본회의 지난 40년 동안의 긴 역사를 한두 마디로 말할 수가 없는 것이매, 그 자세

    그러던 중 우리 겨레가 일본인들의 무단 정치에 반항하여 1919년 3월 1일 3·1 독립운동을 일으키니, 일본인들은 이 3·1운동이 있은 후 우리 민족을 무마하기 위한 수단으로 문화정치를 표방하게 되어, 학회도 이 다소 완화된 기회를 타서 재출발하게 되었다. 그래서 1921년 12월 3일 휘문의숙(徽文義塾)에서 임경재(任暻宰, 휘문학교 교장)·최두선(崔斗善, 중앙학교 교장)·이규방(李奎昉, 보성학교 교두)·권덕규(權悳奎, 휘문학교 교사)·장지영(張志暎, 조선일보 문화부장)·이승규(李昇圭, 보성학교 교사)·신명균(申明均, 한성사범학교 출신)·김윤경(金允經, 연희전문 졸업반)·이병기(李秉岐)·이상춘(李常春)·박순룡(朴洵龍) 선생 등 11인이 다시 창립하였는데, 이때의 회 이름은 '조선어연구회(朝鮮語硏究會)'이었다. 그 뒤 '조선어학회(朝鮮語學會)'(1931. 1. 10)로, 광복 후 '한글학회'(1949. 9. 5)로 회 이름을 고쳤다.17)

    이 학회는 창립 당시부터 단순한 학문의 연구만을 위한 학회는 아니었다. 주시경 선생의 제자들이 중심이 되어 그 어른의 정신과 학문을 이어받는 데 더욱 힘쓰고, 그들은 국어의 학리를 연구하는 한편, 말과 글을 통해서 민족정신을 지키고 불어 넣는 일을 실천하였다. 그런 일 때문에 1942년 10월 1일 이른바 '조선어학회 사건'이 터져 직접 학회에서 연구에 관여한 사람들과 정신적이나 물질적으로 도와준 사람들이 일시에 투옥되어 학회 활동이 한 때 중단 되었다. 그러나 조국의 광복과 더불어 활동을 다시 벌여 오늘날까지 활발히 활동하고 있다.

---

한 것은 다음 기회로 미루고…"라고 되어 있다.
   그런데 주시경 선생의 ≪국어문전음학(國語文典音學)≫(박문서관, 1908. 11. 6) 61쪽에는 주시경 선생이 19세 때인 갑오(1894년)에 국문동식회(國文同式會)를 조직했다고 하였음.
17) 박종국 ≪국어학사≫(문지사, 1994. 12. 30) 315~316쪽 "조선어학회의 창립", 한글학회 ≪한글학회 50년사≫(1971. 12. 3) 3~6쪽 "한글학회의 창립", ≪한국사 22≫(대한민국 문교부 국사편찬위원회, 1978. 8. 24) 463~471쪽 "조선어학회의 항쟁" 참고.

'조선어학회 사건'은 일본이 1942년 10월 1일부터 조선어학회 회원 및 관련 인물을 검거하여 치안유지법(治安維持法) 위반죄(독립운동죄)로 재판에 회부한 사건을 말한다.18)

이 사건의 실제 발단은 정태진(丁泰鎭) 선생이 함흥(咸興) 영생고등여학교(永生高等女學校) 교사로 근무하다가 조선어학회 사전 편찬을 위하여 이 학교 교사직을 사임하고, 서울 화동(花洞) 조선어학회에 와서 사전 편찬에 종사하고 있었는데, 1942년 9월 5일 정태진 선생이 함흥 영생여학교 학생 편지 사건으로 함흥경찰서에 증인으로 연행 구속되면서부터이다. 정태진 선생은 그들의 갖은 고문을 이기지 못하여, 조선어학회가 민족주의자의 단체로서 독립운동을 비밀히 한다는 여러 가지 조목을 열거한 허위 자백서를 쓰게 되었다. 그렇지 않아도 일본은 우리 민족이 3·1 운동을 일으키어 문화정치를 표방함에 따라 부활한 조선어학회가 한국민족 노예화에 동우회·흥사단 등 단체 못지않게 방해가 된다고 여기던 참에, 이 단체를 해산하고 회원 및 관련 인물을 모두 검거할 수 있는 꼬리를 잡게 되었다. 그리하여 일경은 조선어학회사건을 만들었던 것이다.

이 해 10월 1일 함흥 경찰서는 서울 종로경찰서의 후원을 받아 조선어학회 회관을 급습하고 학회 회원인 이중화(李重華)·장지영(張志暎)·최현배(崔鉉培)·이극로(李克魯)·이윤재(李允宰)·한징(韓澄)·이희승(李熙昇)·정인승(鄭寅承)·김윤경(金允經)·권승욱(權承昱)·이석린(李錫麟) 선생 등 11인을 일차로 검거하였다. 그리고 경기도 검찰부와 종로경찰서에 유치시켰다가 다음 날 함경도 홍원경찰서(洪原警察署)와 함흥경찰서(咸興警察署)로 압송되었고, 그 후 이 달 18일에는 이우식(李祐植) 선생이, 19

---

18) 한글학회 《한글학회 50년사》 12~19쪽 "조선어학회의 수난사건", 《한국사 22》(대한민국 문교부 국사편찬위원회, 1978. 8. 24) 463~471쪽 "조선어학회의 항쟁", 김윤경 《새로 지은 국어학사》(을유문화사, 1963. 3. 15) 308~311쪽 "조선어학회 수난", 《한결국어학논집》 382~383쪽 "조선어학회 수난기", 김상필 《오늘을 사는 생명》 (성문학사, 1978. 11. 20) 170~191쪽 "조선어학회 수난 사건의 전모" 참고.

일에는 김법린(金法麟) 선생이, 20일에는 정열모(鄭烈模) 선생이, 21일에는 김선기(金善琪)·이병기(李秉岐)·이만규(李萬珪)·이강래(李康來) 선생이 검거되었다. 또한 이 해 12월 23일에는 정인섭(鄭寅燮)·장현식(張鉉植)·김양수(金良洙)·이인(李仁)·안재홍(安在鴻)·서승효(徐昇孝)·윤병호(尹炳浩)·이은상(李殷相) 선생이 검거되었다. 그리고 1943년 3월 5일에는 김도연(金度演) 선생이, 이 달 6일에는 서민호(徐珉濠) 선생이 검거되어 홍원경찰서에 모두 유치되었다.

이 밖에 권덕규(權悳奎)·안호상(安浩相) 선생은 신병으로 구속을 면하였다. 그리고 이 해 3월 말일에서 4월 1일에 걸쳐 신윤국(申允局)·김종철(金鍾哲) 선생은 각각 불구속으로 홍원경찰서까지 끌려가 증인 신문을 받았다.

이 때 검거 압송 구금된 분들은 야만적인 고문을 당하였다. 선생은 이 때 갖은 모욕과 고문을 당하면서도 추호도 그 지조를 굽히지 않았다.

더구나 증인으로 불리어 취조를 받은 사람은 48인이나 되었다. 그 중에 백낙준·정세권·곽상훈·김두백·방종현·민영욱·임혁규 선생 등은 홍원경찰서에 불리어 혹독한 취조를 받았다. 심지어 증인 중 곽상훈(郭尙勳)·김두백(金枓百) 선생은 피고들에게 불리한 증언을 아니한다고 유치장 복도(방이 꽉 찬 때문)에 집어넣은 일도 있었다. 그뿐만 아니라 피고인들이 재직하고 있었던 연희전문학교를 비롯한 민족 사립 교육기관에 대해서는 음적 양적으로 갖은 탄압을 가하였다.

이리하여 증인으로 불려간 사람을 제외한 조선어학회 관련 인사 33인 가운데, 신윤국·김종철·권덕규(병)·안호상(병) 선생 등 4인은 원래 불구속으로 되었고, 안재홍 선생은 석방되었다. 그 나머지 사람은 홍원경찰서 유치장에 있으면서 검사국으로 넘기기만 기다리는데, 1943년 9월 상순 검사의 심문에 따라 기소(起訴) 16인, 기소유예 12인으로 결정되어, 9월 18일에는 기소 유예자 12인은 석방되고 나머지 기소자 16인은 함흥형무소 미결 감방에 유치되어 재판을 받을 날만 기다리게 되었다.

한결 선생은 홍원경찰서에서 1년 동안 온갖 수단이 다 동원된 고문을 받고 심문받다가 치안유치법 위반죄(독립운동죄)로 기소되는 경찰서의 의견서가 함흥검사국(咸興檢事局)으로 넘어 갔었으나, 검사의 심문에서 기소유예로 결정되어 1943년 9월 18일 석방되었다. 그런데 선생이 홍원경찰서 유치장에 있을 때 어머니 박씨가 돌아갔다. 선생은 이 사실을 전혀 모르고 있다가 석방되어 귀가하고서야 비로소 어머니가 영면한 것을 알고 비통에 빠지었다. 그 뒤 선생이 쓴 글 '조선어학회 수난기'에 다음과 같은 글귀가 있다.19)

"남달리 자애가 깊으신 어머니가 돌아가신 줄도 모르고 지나다가 집에 와서야(1943년 9월 19일) 알게 되었다.…이 때의 나의 마음은 무엇이라고 표현할 길이 없었다. 앞은 캄캄하고 옷깃은 젖었다. 영원히 사라지지 못할 철천의 한은 나의 가슴에 맺히게 되었다."

또 이 때의 심정과 형편을 '한결연보(年譜)' 1943년 9월 18일자 기록에는,

"두 사건20) 때 받은 무도한 야만적 고문에 육체적 고통은 물론 정신적, 물질적 고통(9년간 실직)으로 극도의 실망에 빠지게 되다."

라고 하였다. 그리고 한결 선생의 맏아드님 김학현님은 '나의 아버님'이란 글에서 '조선어학회 사건'을 술회하기를,21)

"조모님은 밤이나 낮이나 아버님의 석방을 바라는 기도를 하시다가 지쳐서 아버님의 출옥을 보시지 못하시고 1943년 5월 13일(15일의 잘못인 듯) 천추의

---

19) 《한결국어학논집》 397쪽 참고.
20) 여기의 두 사건은 "동우회사건"과 "조선어학회 사건"을 말함.
21) 《한결 김윤경 선생》(보성문화사, 1979. 9. 5) 262쪽 참고.

한을 남기시고 세상을 이별하시었으니 아버님의 한글연구의 부작용은 이렇게 가혹하였다."

라고 하였다.

그러나 이 조선어학회사건으로 검거되어 무도한 야만적 고문과 혹한, 그리고 영양 부족으로 1943년 12월 8일 이윤재 선생이, 1944년 2월 22일 한징 선생이 옥사하였고, 1944년 9월 30일 예심결정서가 종결되어 장지영·정열모 선생은 공소 소멸로 석방되고, 나머지 12인은 공판에 회부되었다.

결국 일본인은 조선어학회를 일종의 독립 단체라고 규정하고 그 회원들과 관련자들을 모두 독립 운동가로 간주하였던 것이다.

조선어학회 사건의 공판은 1944년 12월 21일부터 1945년 1월 16일까지 9회에 걸쳐 함흥지방법원(咸興地方法院)에서 열렸는데, 최종 언도 공판에서 내려진 판결의 내용은 다음과 같다.

이극로 : 징역 6년　　　（구류 통산 600일）
최현배 : 징역 4년　　　（구류 통산 750일）
이희승 : 징역 2년 6개월　（구류 통산 750일）
정인승 : 징역 2년　　　（구류 통산 440일）
정태진 : 징역 2년　　　（구류 통산 570일）
김법린 : 징역 2년　　　（집행유예 4년）
이중화 : 징역 2년　　　（집행유예 4년）
이우식 : 징역 2년　　　（집행유예 4년）
김양수 : 징역 2년　　　（집행유예 4년）
김도연 : 징역 2년　　　（집행유예 4년）
이　인 : 징역 2년　　　（집행유예 4년）
장현식 : 무죄

그리하여 집행 유예를 받은 6인과 무죄를 받은 장현식 선생은 곧 석방되고, 실형을 받은 5인은 각각 형무소 독방에 수감되었다.

이 판결에 대하여, 정태진 선생을 제외한 4인은 그 이틀 후인 1945년 1

월 18일 고등법원(高等法院)에 상고하였다. 이에 따라 검사도 이달 21일 이 4인과 무죄로 석방된 장현식 선생을 상고하였다. 정태진 선생은 복역을 마치고 7월 1일에 출옥하였다.

그런데 고등법원에서는 이 해 8월 13일 상고를 기각 하였다. 그러므로 형량은 1심대로 확정 되었다.

그러나 그 상고가 기각되어 형량이 확정된 지 이틀 후인 1945년 8월 15일 정오에 일본 임금은 연합군에게 무조건 항복하자 우리나라도 일본의 압박에서 해방이 되니, 조선어학회 사건에 연루되어 마지막까지 옥중 생활을 하던 최현배·이희승·정인승·이극로 선생은 이 해 8월 17일 함흥감옥에서 풀려나왔다.

한결 선생은 해방과 더불어 조선어학회 이사로 봉직하면서, 한글 강습회 및 국어 교사 양성 등의 강사, 국어 교본 편찬, 큰 사전 편찬 등에 힘썼다. 그리고 선생은 이 해 이 달에 연희전문학교 동문회 제8대 회장에 피선되어 1948년까지 회장을 맡았다.

### 바. 연희전문과 연세대학교 교수 시절

한결 선생은 광복 이후 미군정이 실시되자, 1945년 9월 23일 당시 미군정 학무국장에 의해 연희전문학교(당시 경성공업경영전문학교) 접수위원회 한 사람으로 피명되고, 그 뒤 연희전문의 재단 이사직도 다시 맡았다. 이때 경성공업경영전문학교[22]의 학교 재산과 운영권을 일본인 교장 근등영남(近藤英男)으로부터 접수 받았는데, 접수위원은 한결 선생 외에 백낙준·유억겸·이춘호·이묘묵·조의설·김성권 선생들이었다. 접수위원들이 접수한 이 학교의 교명을 10월 초에 「연희전문학교」로 회복시키었다.

그리고 선생은 이 해 10월 6일 연희전문학교 교수로 임명되고, 11월 4일

---

[22] "연희전문학교"의 교명을 1944년 4월 일제의 강압에 따라 "경성공업경영전문학교"로 바꾸었었음.

에는 연희전문학교 문학부장으로 임명되었다. 선생은 문학부장으로 있을 때인 1946년 6월 5일 「어린이 국사」를 지어 내었다.

1946년 8월 연희전문학교가 종합대학교인 연희대학교로 승격됨에 따라, 한결 선생은 연희대학교 교수가 됨과 동시에 문학원장(문과대학 학장)이 되었다. 그리고 선생은 이 해 흥사단 국내위원부 위원장이 되었다.

1947년 9월 11일에는 연희대학교 총장 대리의 직임을 맡았다. 그리고 12월 31일 밤에는 '조선말본'의 결정본이 될 원고가 완결되었으니, 이것이 뒤에 동명사에서 발행한 그 유명한 ≪고급용 나라말본≫의 원고이다.

한결 선생은 1948년 5월 15일 선생의 말본의 결정적인 저서 ≪고급용 나라말본≫(일명 ≪나라말본≫)을, 그리고 7월 10일에는 ≪초급용 중등말본≫을 발행하였다. 또한 선생은 이 해 흥사단 의사부(현 공의회) 의사원이 되었다.

선생의 나이 56세 때인 1949년 10월 25일 사회 유지의 발기로 된 축하회에서 ≪조선문자 급어학사≫가 4대 명저의 하나로 뽑히어 표창을 받았다. 이 때 함께 뽑히어 표창 받은 4대 명저는 한결 선생의 저서 ≪조선문자급어학사≫ 외에 최현배 선생의 ≪우리말본≫과 양주동 선생의 ≪조선고가연구≫와 문세영 선생의 ≪조선어사전≫들이다.

그리고 선생은 1950년 4월 20일 문교부의 중앙교육위원회 위원으로 피임되었다.

1950년 5월에 연희대학교에 직제 개편이 있었다. 이는 4개 학원(문학원·상학원·이학원·신학원)을 4개 대학(문과대학·상경대학·이공대학·신과대학)으로 개편하고, 대학원을 두어 제1회 대학원생을 모집하였는데, 선생은 초대 대학원장에 임명되었다. 그리고 또 5월 8일에는 연희대학교 총장 대리로 피임되어 1953년 3월까지 일을 보았다. 그런데 1950년 6월 25일 북한 공산군의 남침으로 학교가 부산으로 피난하게 되었다. 이 6·25 전쟁으로 선생은 각 산문과 잡지에 발표한 논문 다수와 그 목록과 또 평생

동안 써 내려온 일기를 모두 소실하였다.

선생은 1952년 1월 1일 문교부의 사상지도원 전문위원으로 피임되고, 2월 23일에는 국사편찬위원회 위원으로 피임되었다. 3월 31일에 연희대학교 총장대리를 사임하였다. 그리고 5월 15일에는 학교 교사 복구 추진위원회 위원(6·25 전쟁으로 인한)과 대학교육 심의 위원회 위원으로 피임되고, 7월 15일에는 교수요목 개정심의회 국어위원으로 피임되었다.

1953년 3월 26일 문교부 교과용도서활자 개량 위원이 되고, 7월 7일에는 국어심의회위원에 피임되었다. 그리고 선생은 흥사단 의사부(현 공의회) 의사부장이 되었다.

1954년 11월 8일 교육용어도서편찬위원회 위원에 위촉되었다. 그리고 선생은 12월 25일 ≪한국문자급어학사(韓國文字及語學史)≫(≪조선문자급어학사≫의 증보4판)를 발행하였다.23)

한결 선생은 62세 때인 1955년 4월 22일 연희대학교에서 우리나라의 글자 및 말의 역사적 변천을 밝히며 말본갈을 연구함으로써 우리나라 학술과 문화에 크게 공헌한 공로로 명예문학박사 학위를 받았다. 이 때 선생을 포함하여 국내외 저명한 학자 6인[곧 대한감리회 감독 유형기(柳瀅基) 목사와 숭실대학장 한경직(韓景職) 목사는 명예신학박사 학위를, 하버드 및 프랑스 소르본느 대학 세르쥬 에리제후(Serge Elisseeff) 교수는 명예문학박사 학위를, 고려대학교 유진오(兪鎭午) 총장은 명예법학박사 학위를, 연희대학교 최현배(崔鉉培) 부총장과 김윤경(金允經) 대학원장은 명예문학박사 학위를]이 함께 받았는데, 이 명예박사 학위 수여는 국내 최초의 시행이었다.

이 해 7월 5일 ≪용비어천가 강의≫(등사본교재)가 나왔다. 그리고 7월 16일 대한민국 학술원 회원에 피선되었다.

---

23) 이 증보 4판을 발행할 때 ≪조선문자급어학사≫를 ≪한국문자급어학사≫로 책명을 고치었음.

1956년 6월 10일 한글학회 명예이사가 되고, 이 해 선생은 흥사단 의사부 의사원이 되었다.

1957년 4월 1일 검인정 교과서 ≪고등나라말본≫과 ≪중등나라말본≫을 내었다. 이 책들은 문교부 인정필이기 때문에 말본용어는 문교부에서 제정한 대로 따랐다. 이 해 9월 20일 대한예수교장로회 총회에서 기독교 교육 사업에 십년 이상 봉사한 공로에 대하여 공로상을, 10월 9일에는 국어 수호, 국어 국문연구로 민족의 독립, 문화의 발전에 바친 노고에 대한 공로자로 문교부장관 표창장을 받았다.

1958년에는 흥사단 의사부(현 공의회) 의사부장이 되었다.

선생이 66세 때인 1959년 10월 6일, 30년 이상 교육 근속상을 서울시 교육감과 서울시 교육회 회장에게서 받았다.

1960년 4월 4일 연세대학교 문과대학 동창회 초대 회장에 피선되고, 8월 1일에는 학술원 종신 회원으로 피선되었다. 그리고 이 해 선생은 흥사단 심사부(현 심사회) 심사부장이 되었다.

선생이 68세 때인 1961년 5월 19일에는 5·16 군사혁명정부에 의해 서울 서대문서에 15일간 구치되었었다.

한결 선생은 이상과 같이 광복 후 이 해 10월 6일까지, 1945년 9월 23일 연희전문학교 접수위원의 한 사람으로 학교를 접수한 후 연희전문학교 교수를 시작으로 이 학교 발전에 따라 연희대학교 교수, 연세대학교 교수로서 문과대학장, 대학원장, 총장대리 등의 일을 고루 맡아 보고, 선생이 69세 때인 1962년 2월 28일 교육임시특례법으로 연세대학교를 정년 퇴직하였다.

그러나, 선생은 이 해 3월 27일 국어심의위원에 재피임되고, 7월 17일 학술원에서 국어의 연구 및 운동, 교육으로 학술 문화 발전에 끼친 공헌에 대하여 공로상을 받았다.

사. 한양대학교 교수와 산업시찰

한결 선생은 연세대학교를 정년 퇴직한 해인 1962년 9월 초부터 한 학기 동안 한양대학교와 숙명여자대학교 대학원에 강사로 출강하였다.

선생은 이 해 10월 9일 한글날 영릉(경기도 여주 세종대왕릉)에서 차린, 훈민정음 반포 516돌 세종문화큰잔치에서 국가 재건최고회의 의장(당시 육군대장 박정희님)의 한글공로 표창장을 받았다. 이때 최현배·이희승·정인승·장지영 선생도 함께 받았다.

한결 선생은 한양대학교 강사로 한 학기 출강한 후, 그 다음 해 봄 70세 되던 1963년 3월 2일 한양대학교 문리대학 교수로 피임되었다. 3월 15일에는 ≪새로 지은 국어학사≫가 발행(을유문화사)되고, 4월 16일에는 한글학회 이사에 피선되었다. 그리고 8월 15일에는 정부에서 문화훈장 대한민국장을 받았다.

선생은 1964년 1월 13일 한양대학교 문리대학장에 피임되고, 4월 25일에는 전국국어국문학 교수단 이사장에 피선되었으며, 6월 9일에는 한결고희기념논문집인 ≪한결국어학논집≫이 출판 되었다. 그리고 이 해 선생은 흥사단 의사부 의사원이 되었다.

1965년 5월 15일 연세대학교 문과대학 동창회 회장에 다시 피선되었다. 그리고 5월 31일에는 연세대학교동문회(총동문회) 부회장에 피선되었다. 이 해 11월 6일 서울대학교 의과대학 강당에서 창립한 민족문화추진회 창립회원 50인 중 한 사람으로 창립과 동시에 감사에 피선되었으며, 이 해 선생은 흥사단 공의회 공의회장에 피선되어 1968년까지 공의회장을 맡았다.

1966년 4월 16일에는 한글학회 명예이사가 되었고, 이 해 연세대학교 재단이사가 되었다.

1968년에는 세종대왕기념사업회 회원에 입회하였다.

이 후 선생은 학술원 종신회원으로, 한양대학교 문리과대학 학장으로, 재단법인 연세대학교 이사로, 한글학회명예이사로, 민족문화협회 고문으로, 민족문화추진회 감사로, 세종대왕기념사업회 회원으로, 자유교양추진회 회장으로, 흥사단 공의회 공의원 등으로 사회 다방면에 눈부신 활동을 계속하다가 1969년 2월 3일 부산·울산지구 산업시찰 중에 피로와 심장병으로 부산제일병원에서 76세를 일기로 돌아갔다.

선생의 장례 의식은 사회장으로 하여, 이 해 2월 9일 고향인 경기도 광주군 중부면 광지원리에 안장하였다.

## 아. 한결 선생의 학문

한결 선생의 학문은 민족적 자각에서 출발하였기 때문에 단순한 학문을 위한 학문이 아니었다. 어디까지나 나라의 바탕을 굳건히 하기 위한 학문이었다. 때문에 선생은 일제의 그렇게도 혹독한 탄압 속에서도 우리말과 글을 지키고 연구하고 교육하며 발전시키는데 잠시도 게을리 하지 않으셨다.

선생이 파란만장 속에서는 평생을 국어와 국자의 보존·연구와 국어순화운동에 앞장서는 한편, 교육에 바치신 것은 빼앗긴 나라를 되찾고 겨레를 되살리기 위한 방법의 한 가지였다. 그러므로 선생의 국어학 연구와 운동 및 교육의 목적은 배달문화의 수호와 그 발전 및 민족정신을 지킴에 있었다고 해도 과언이 아니라고 생각한다.

그리고 한결 선생의 국어학 연구의 결과물로는 십여 책이 넘는 저서와 논문 등으로 나타나 있는 바, ≪조선말본≫(유인 합본 1926), ≪조선문자급어학사(朝鮮文字及語學史)≫(1938. 1. 25), ≪어린이 국사≫(1946. 6. 5), ≪한글말본[朝鮮語文法]≫(1946. 9. 18), ≪고급용 나라말본≫(1948. 5. 15), ≪초급용 중등말본≫(1948. 7. 10), ≪조선문자급어학사≫의 증보사판 ≪한국문자급어학사(韓國文字及語學史)≫(1954. 12. 25), ≪용비어천가(龍飛御天歌) 강의≫(등사본, 1955. 7. 5), ≪고등나라말본≫(문교부인정, 1957. 4. 1), ≪중등나라말본≫(문교부 인정, 1957. 4. 1), ≪새로 지은 국어학사≫(1963. 3. 15), ≪한결 국어학 논집(國語學論集)≫(1964. 6. 9) 등의 저서와 논문 90여 편 등이 그것이다.

그 밖에 주옥같은 시평, 수필 다수와 일기가 있으니, 이 글들은 모두가 국어와 국자의 연구, 한글 보급과 교육 및 인격 수양에 관한 글들이다.

필자는 여기에서 선생의 국어학의 업적물에 있어 구체적인 기술은 생략하기로 한다.

## Ⅲ. 한결 선생 기념사업

한결 선생은 76세를 일기로 1969년 2월 9일 세상을 떠나시어 사회장으로 경기도 광주군 중부면 광지원리 산에 모셔졌지만, 선생의 그 성자 같은 인격과 학문, 그리고 평생을 나라와 겨레를 위하여 바치신 높은 뜻을 찬양하고 흠모하며 받아 널리 펴고, 기리는 사업이 점점 이어지고 있다.

선생이 떠나신 해인 1969년 8월 20일 한양대학교 문리대 학생과 교수 일동은 선생의 이상적인 교육자의 모습을 본받고 선생을 교육자로서 학자로서 애국자로서 길이 받들어 모시고자 선생의 얼굴상을 동판에 새겨 한양대학교 인문관(인문과학대학 건물) 중앙 현관에 부착하였다. 그리고 이 해 10월 9일 한글날에는 선생의 묘비를 세웠다. 묘비의 비문은 박두진 시인이 짓고, 비 앞면 글씨는 김충현님이 썼으며, 뒷면 비문의 글씨는 김현순님이 썼다.

1975년에는 선생의 학덕과 정신을 기리기 위하여 선생의 친지와 후학 및 문하생들이 중심이 되어 "한결김윤경선생기념사업회"를 설립하고, 이 기념사업의 첫째 사업으로 선생의 주옥같은 글들 가운데 단행본으로 출판되지 않은 글을 모아 책명을 ≪한결글모음≫이라 하여 Ⅰ, Ⅱ, Ⅲ 세책으로 각

각 나누어 1975년 5월 15일자로 발간하였다. 이 기념사업회의 초대 회장은 허웅 선생이었다.

정부는 선생의 애국 애족의 정신과 우리말·글에 대한 사랑의 운동을 인정하여 1977년 12월 13일 건국포장(제942호)를 추서하였다.

"한결김윤경선생기념사업회"는 선생이 돌아가신지 10주기를 맞아 선생이 살아 계실 때 모습을 우리 눈앞에 생생하게 그려 보기 위해서 선생의 친지, 후학, 문하생들의 글을 널리 구해 모아 1책으로 만들어 책명을 ≪한결 김윤경선생≫이라 하여 1979년 9월 5일자로 발행하였다.

연세대학교는 한결 선생 탄신 90돌을 맞아, 선생이 생존에 지은 글 전부를 모아 책명을 ≪한결김윤경전집(金允經全集)≫이라 하여 일곱 책으로 각각 나누어 1985년 2월 20일 연세대학교 출판부 명의로 발행하였다.

1994년 6월 9일 한결 선생 100돌 탄신을 맞아 "한결김윤경선생기념사업회"와 "한글학회" 공동 주최로 한글회관 강당에서 "한결김윤경선생 탄신 !00주년기념 강연회"를 개최하였고, 한양대학교 한국학연구소에서는 같은 날 "한결김윤경선생탄신 100주년 기념 학술세미나"를 개최하였으며, 연세대학교 국학연구원에서는 12월 9일에 "한결김윤경선생탄신100주년 기념강연회"(국학연구발표회 제 244회)를 개최하였다.

1994년 10월 31일 연세대학교는 평생을 학문의 발전과 겨레 사랑의 정신으로 헌신하신 선생의 높은 학덕과 공적을 기리기 위하여 네 분의 얼굴상을 연세대학교 교정 안에 세웠는데, 이때 한결 김윤경 선생의 얼굴상은 노천극장 들어가는 길 오른쪽 옆 정원에 세웠다. 선생의 얼굴상 대석 앞면에 새겨진 글은 선생이 훈민정음반포 오백돌 기념 강연에서 한 말씀의 글의 한 구절인데, 이 글을 보이면 다음과 같다.[24]

---

[24] "연세대학교 유공 교수 정인보 최현배 김윤경 홍이섭 선생 얼굴상 봉헌 예배" 자료 (1994. 10. 31) 참고.

"한 민족의 흥망성쇠는 그 민족의 가진 문화의 소장 성쇠에 정비례하고, 문화의 소장성쇠는 민족의 문자의 있고 없음과 좋고 언짢음에 정비례한다."

연세대학교가 이때 "교정 안에 세운 네 분의 얼굴상은 우리 국학과 연세의 청사에 길이 남을 분들의 것인데, 한결 선생 외 나머지 세 분은 최현배·정인보·홍이섭 선생이다.

한글학회는 한결 선생과 외솔 최현배 선생 탄신 100돌을 맞아 선생들의 학문적 업적을 분야별로 나누어 연구, 학술지 ≪한힌샘 주시경연구≫ 7·8집을 합본하여 "한결 김윤경 선생과 외솔 최현배 선생 나신 100돌 기념특집"으로 1995년 1월 25일 펴내었다.

정부(문화체육부)는 광복 50주년을 맞은 해인 1995년, 10월의 문화인물로 한결 김윤경 선생을 정하고, 10월 한 달 동안 선생의 학덕과 공적을 기리는 대대적인 행사를 벌이었다.

외솔회(1970년 8월 1일 창립)는 정부가 1995년 10월의 문화인물로서 한결 김윤경 선생을 정한 것을 기리고자 <<나라사랑>> 제91집을 "한결 김윤경특집호"로 하여 9월 23일 발행하였다.

그리고 애산학회(1980년 설립)도 2009년 9월 한결 선생이 돌아가신지 40주기를 맞아 선생의 학문적 업적을 분야별로 나누어 연구 <<애산학보>> 제36호(2010년 발행)를 "김윤경선생특집호"로 발행하기로 하고 추진하고 있다.

## Ⅳ. 맺음말

　한결 김윤경 선생은 유교 가문에서 태어나시어 구한말과 일제의 강점기, 해방과 광복 후의 전란, 다시 군사 정권의 권력 정치기 등 온갖 파란곡절이 중첩된 환경에서도 평생을 어떠한 억압에도 굴하지 않으시고 한결 같이 우리말 우리글을 지키고 연구하고 교육하면서 국어 운동에 몸을 바치시었다.
　이는 한결 선생께서 일찍이 새 교육을 받기 위하여 서울에 올라와 성직자가 되신 후 주시경 선생에게서 애국 애족의 정신과 우리말·글의 소중함, 특히 한글의 뛰어난 가치를 배워 인식하게 되고, 동서고금 위인의 전기와 역사·철학서 등의 수양서를 섭렵함으로써 사람이 사는 참 목적을 알게 되었기 때문이다.
　선생의 그 나라 사랑의 정신과 겨레 건지는 일, 그리고 말·글의 연구와 교육 및 국어운동은 한결 선생의 삶 그 자체라고 할 수 있다.
　더구나 선생은 도덕성에 바탕을 두고 겨레와 전 인류에 대한 봉사를 강조하시던 교육관, 곧 "하나님의 온전하심과 같이 너희도 온전하라."는 인생의 목적 달성을 위해 자신도 온전하게 살기를 신조로 삼으시고 실천하고 길을 제시하셨다.
　한결 선생은 자기 수양으로 인간의 본연지성(本然之性)을 찾았으니, 거의 완전한 인격자이시다.
　선생은 하나님 나라로 가셨지만 선생의 그 학자, 교육자, 애국자, 성직자, 사상가로서의 위대하심을 찬양하고 흠모하는 소리가 생존하실 때보다 세월이 갈수록 더욱 높아가고 있으니, 선생님은 배달겨레와 함께 이 나라에 영원히 살아 계신다.

## 제43회 외솔상 실천부문 수상소감

재단법인 외솔회 최명식 이사장님, 외솔회 이창덕 회장님, 제43회 외솔상을 받도록 추천하여 주신 세종대왕기념사업회 최홍식 대표이사님, 제43회 외솔상 수상자를 가려주신 심사위원장님을 비롯한 심사위원님, 외솔회 이사님 고맙습니다.

외솔회는 우리나라 겨레 학문에 선구자 외솔 최현배 큰 스승님의 나라사랑, 겨레사랑, 한글사랑의 정신을 기리고 지키며, 나라의 문화 창달을 위하여 1970년 8월 1일에 스승님의 동지, 후학, 제자들이 중심이 되어 창립한 단체입니다.

그리고 국어순화추진회는 외솔 선생님이 한글학회와 세종대왕기념사업회를 이끌고 계실 때 우리 겨레 반만년 역사에 으뜸 스승 세종성왕의 위업과 정신 선양, 그리고 한글 문화 창달을 통한 국가사회 발전 목적을 위하여 1968년 12월 21일, 한글이 나라 발전의 근본 힘임을 믿고, 그 완전 전용 실천을 위해 선생님이 중심이 되어 창립(초대회장 주요한 님) 후 국어순화운동을 53년 동안 계속 계승 실천하고 있는 단체입니다.

지금은 제가 중심이 되어 국어순화추진회를 이끌고 있습니다. 그러나, 외솔 선생님의 뜻에 못 미치는데도 외솔회에서 제43회 외솔상(실천부문)을 국어순화추진회에 주셔서 받으니, 송구스럽습니다만 기쁩니다. 고맙습니다. 저는 우리 회가 다른 단체보다도 국어순화운동에 보다 힘쓰라는 뜻에서 준 것으로 알겠습니다.

　최현배 선생님은, 실로 우리나라 국어 문법 체계를 세워 주시고 국어학 체계를 확립하여 주체 정신과 문화 민족의 틀을 잡아 주신 위대한 국어학자로서 후진 배양에 힘쓰신 고결한 교육자이십니다. 그리고 일신의 몸은 아랑곳없이 오직 나라와 겨레만을 생각하여 일제가 우리 역사와 풍속과 말글을 말살하려 할 때 우리말 글을 지키고 발전시키려고 교육하고 연구하고 강연하시다가 옥고를 치르신 투철한 애국지사이십니다. 또한, 배달 겨레가 주권을 빼앗겨 어둠 속을 방황하고 있을 적에 겨레가 바른 길을 가게 하기 위하여 민족 갱생과 조국의 번영을 위하여 나라 사랑과 겨레 사랑의 길을 밝혀 주시고, 민주주의 사회의 국민도덕을 경장하는 사회사상가이시며, 연합군에 의해 해방되고 광복된 조국의 자유민주주의 어문교육정책을 입안 성공리에 이끄신 탁월한 어문 정책가이십니다. 또 독실한 기독교 신자이시자 시조시인이기도 하십니다.

　우리 겨레의 역사 중 구한말에 와서 선생님 같은 참된 국어학자, 바른 교육자, 사회사상가가 계셨다는 것은 우리 겨레의 참다운 영광이요, 영구한 자랑입니다. 선생님의 위대한 학문의 업적과, 나라사랑, 겨레사랑, 한글사랑의 충정과, 자신을 희생하고 헌신하시는 실천정신, 그리고 자립 갱생의 정신은 우리 겨레의 번영에 길을 여는데 앞길을 비추는 밝은 등불이 될 것입니다.

외솔 선생님의 이러한 연구는 우리나라 건국 시조 단군의 정치이념인 "홍익인간"을 실천하는데 두었기 때문에 15세기 과학문화시대를 이룩한 민본주의 정치의 표본을 보이신 세종성왕의 정신과 위업을 계승 창달하는데 있으므로, 우리가 선생님의 정신을 자랑으로 여기고 가슴에 품고, 온 인류가 자유와 행복을 함께 누리도록 우리 국민이 힘을 다 하여야 한다고 생각합니다.

외솔회가 올 외솔상을 우리 국어순화추진회에 주신 것도 이러한 외솔 선생님의 정신을 받들어 더욱 더 힘쓰라는 것으로 알고 열심히 노력하도록 하겠습니다.

마지막으로 외솔회의 발전을 진정으로 빌고, 다시 한번 외솔회 이사장님과 회장님을 비롯한 관계자 여러분과 이 자리에 참석하여 축하해 주시는 여러분께 감사의 말씀을 드립니다.

2021년 10월 19일 외솔날

**사단법인 국어순화추진회 회장 박종국**

**사단법인 국어순화추진회**

■ 수상자 : 사단법인 국어순화추진회

■ 업 적 : 세종성왕의 위업 선양과 한글 문화 창달을 통한 국가 사회 발전 목적을 위하여, 창립 후 계속 53년 동안 계승 실천하고 있는 단체이다. 36년 동안 일제 압박 밑에서 한글 소멸 위기를 체험한 사회의 식자들, 한글이 나라 발전의 근본 힘임을 믿고, 그 완전 전용을 염원하여 오던 한글학자, 교육자, 사회인 및 학생들이 한글 전용을 적극 실천 장려 완성을 위하여 '한글전용국민실천회'를 창립하였다.

한글이 나라 발전의 근본 힘임을 믿고, 그 완전 전용 완성을 위하여 개편된 "사단법인 국어순화추진회"는 2013년을 맞아 국어 순화에 대한 연구를 하여 학술지 "국어순화정책"을 발행하였다. 그동안 순화 대상 용어를 정부나 본 회·한글학회 등 각 기관(단체) 및 개인이 순화한 순화 용어를 수집, 재검토 정리한 「순화어」들을 한데 묶되, 이를 "국어순화정책" 본문 뒤에 붙이어 발행한 ≪국어순화정책≫의 책이 국민 각자로 하여금 깨끗하고 바른 언어 생활, 즉 품격있는 언어 문자 생활에 많은 도움이 되리라고 생각한다.

■ 연 혁

- 1968. 11. 2.   창립 중심 단체인 한글학회는 한글전용의 국민운동 단체 창립을 결정하고 발기인으로 이사장 최현배 선생을 지명
- 1968. 12. 21.  한글학회, 세종대왕기념사업회, 민족문화협회, 민족문화추진회, 한글전용추진회, 배달문화연구원, 삼일회, 한국자유교양추진회 등 26개의 단체가 중심— "한글전용국민실천회"를 창립(초대회장 주요한), 창립 취지문(최현배 선생 기초함).
- 1968. 12. 21.  "한글전용국민실천회"가 발족
- 1969. 7. 4.    문화공보부 장관의 사단법인의 허가를 받아, 등기(8월 1일)함
- 1976. 6. 30.   한글학회, 한글학회 부설 한글문화협회, 한글전용국민실천회, 우리말다듬기회 등 단체를 중심으로 "세종회"를 창립하기로 함

- 1976. 8. 20.　　"세종회"를 "국어순화추진회"로 바꿈
- 1976. 9. 9.　　창립 선언. "국어순화추진회"가 출발
- 1978. 4. 20.　　≪국어순화의 길≫ 발행
- 1979. 10. 26.　　주영하 님이 제2대 회장이 됨.
- 1981. 10.　　≪순화추진회가 걸어온 길≫ 발행
- 1984. 10.—12.　　"한글전용국민실천회"와 "국어순화추진회"가 합병
- 1985. 3. 30.　　"사단법인 국어순화추진회" 정관, 임원 선출(회장 주영하).
- 1985. 6. 10.　　≪나라글 사랑과 이해≫ 발행
- 1985. 4. 23.　　"사단법인 한글전용국민실천회"를 "사단법인 국어순화추진회"로 고치는 정관 변경 및 임원 취임 승인 신청, 문화공보부 장관의 승인
- 1989. 2. 28.　　임원 개선, 전원 유임(회장 주영하)
- 1989. 4. 25.　　≪우리말 순화의 어제와 오늘≫ 발행
- 1996. 9. 30.　　≪한글과 겨레 문화≫ 발행
- 2005. 2. 28.　　임원을 새로 선출(회장 주영하, 부회장 박종국)
- 2012. 11. 6.　　임원 개선, 2013년 사업계획, 예산, 회비, 총회 개최 결정
- 2012. 12. 6.　　사업 계획, 예산 심의, 정관 변경, 임원 선임(회장 박종국)
- 2013. 3. 21.　　주무부 정관 내규에 준하여 정관 변경
- 2013. 4. 9.　　문화체육관광부장관으로부터 정관 변경 허가를 받음
- 2013. 6. 24.　　법원에 정관 변경, 임원 변경, 주소 변경 등기함
- 2013. 8. 12.　　국어 순화 정책의 연구와 국어 순화 특별 용어집 발행, 국어 순화에 관한 학술 강연회를 개최하기로 함
- 2013. 10. 31.　　학술 대회 개최 이름: "국어순화정책 학술대회"
　　　　　　　　　　　　　　　　　　　　(2013. 12. 20)
- 2014. 7. 17.—2022. 2. 27. ≪국어순화정책≫(제1집—제8집) 발행

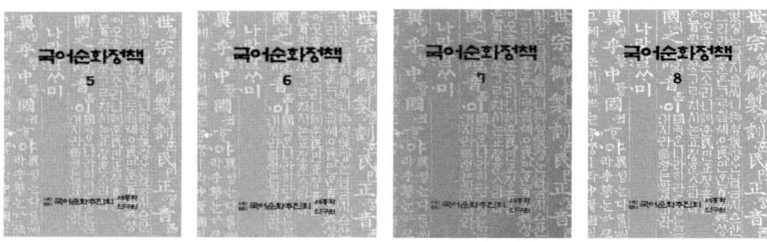

- 2021. 10. 19.   외솔상 수상 (제3대 박종국 회장님께서 외솔상 수상금 일천만원을 국어순화추진회 기금으로 비축해 놓으셨음)

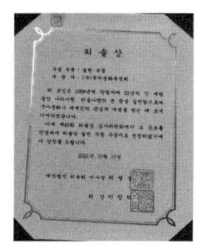

- 2023. 5. 8.  ≪국어순화정책≫(제9집) 발행

# 국어순화정책 9

값 15,000원

---

2022년 12월 31일 인쇄
2023년 5월 8일 발행

엮은 데 사단법인 **국어순화추진회**

펴낸 데 **세종학연구원**
서울특별시 마포구 동교동 201-50
등록번호 : 제313-2007-000053호
등록일 : 2007. 2. 27
전화 : 02-326-0221
팩스 : 02-326-0178
전자우편 : sejongpress@gmail.com

펴낸 이 : 박은화

인　쇄 : 동화인쇄공사

---

이 논문집은 **한글재단**과 **세종학연구원**의 지원을 받아 만들었습니다.

ISBN 979-11-87951-10-0  94700
ISBN 978-89-959405-7-0 (세트)